GÉRARD DE BEAUREGARD

Petit Manuel de la Femme Supérieure

Secrets Intimes...

PARIS
LIBRAIRIE DENTU
78, BOULEVARD SAINT-MICHEL, 78

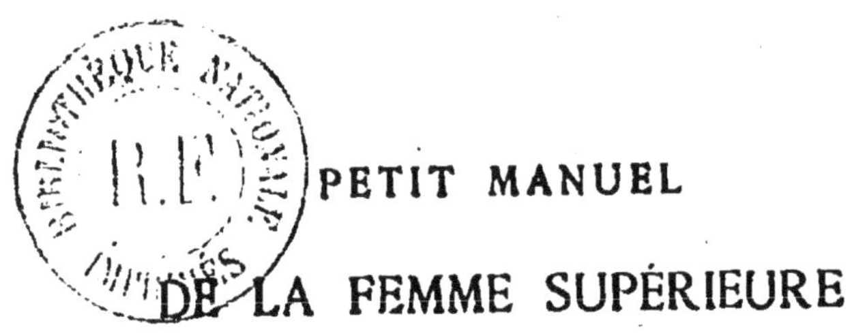

PETIT MANUEL DE LA FEMME SUPÉRIEURE

GÉRARD DE BEAUREGARD

PETIT MANUEL DE LA *Femme Supérieure*

SECRETS INTIMES

PARIS
LIBRAIRIE DENTU
78, BOULEVARD SAINT-MICHEL, 78

1897

PETIT MANUEL
DE LA FEMME SUPÉRIEURE
(SECRETS INTIMES)

PROLÉGOMÈNES

Sans doute, madame, j'aurais pu dénommer ce chapitre préliminaire : introduction ou avant-propos. Mais ce mot, *prolégomènes*, que semblent revendiquer les érudits à la tête accidentée de loupes, possède un petit air pion, un menu parfum prétentieux qui, dès l'abord, donne le *la* et prédispose à pénétrer l'esprit des quelques instructions qui vont suivre.

Un cours, alors? Non, madame, mon ambition ne se hasarde pas si haut.

Une conférence? Hélas! Que serait une

conférence lue, privée du regard humide et du geste bénisseur ?

Vous m'avez fait l'honneur de me demander sur quel patron se taille, à l'heure actuelle, une renommée de femme supérieure. C'est ce que je vais me faire un plaisir de vous révéler simplement, sans fausse honte, sans discours inutiles.

Par exemple, gardez-vous de divulguer jamais le plus chétif article de mes ordonnances. Nous sommes, en quelque sorte, dans le cabinet de toilette de votre esprit ; j'y contemple toute nue votre intelligence. Or, si métaphorique que soit un tel tête-à-tête, les envieux ne vous pardonneraient pas de me l'avoir accordé, et moins encore à moi de l'avoir obtenu.

Car c'est bien de secrets intimes qu'il s'agit.

De même que des ablutions savamment élaborées conservent le satin de votre peau, que des poudres et des pommades incomparables font une guerre victorieuse à vos rides ou déciment sans pitié vos cheveux blancs, de même mes conseils serviront à mettre en lumière vos précieuses qualités, à vous prêter un peu d'éclat s'il est besoin, à corriger vos rares imperfections et à vous permettre de distancer votre entourage.

Il en va donc du moral comme du physique, et vous ne vous vanterez pas plus de mes avis que de ceux de votre parfumeur.

Mais une objection se dresse : qui êtes-vous, madame ? Dans quel monde, sur quel milieu aspirez-vous à régner ?...

Puisque votre excessive discrétion vous empêche de me renseigner entièrement, je serai réduit à me contenter de moyennes.

Napoléon, à Sainte-Hélène, établissait dans « le monde », c'est-à-dire dans la masse des gens bien élevés dont vous êtes évidemment, trois classes caractérisées par les fortunes. En bas, ceux qui disposent de quinze mille livres de revenus ; au milieu, les possesseurs de quarante mille ; au-dessus les riches, ayant cent mille francs et au-dessus à dépenser par an.

Bien que les conditions de la vie aient un peu varié depuis, et que les chiffres aient grossi, la classification est assez logique pour être maintenue.

C'est vous dire que je me tiendrai à la catégorie du milieu pour établir un type général de femme supérieure.

Donc, mon étalon, mon *mètre*, aura, si vous le voulez bien, quarante mille livres de rente et habitera Paris.

Mais, par une déduction naturelle, le mètre, mesure moyenne, ayant ses multiples et ses sous-multiples, qui sont aussi des mesures, il y aura, — puis-je me permettre de poursuivre la comparaison ? — des hectofemmes et des centifemmes supérieures. Affaire à vous, madame, de vous régler, par comparaison, sur l'unité que je vous propose. Je ne conçois pas d'ailleurs comme impossible d'atteindre aux altitudes suprêmes, dans la hiérarchie que je vous indique, par un avancement méthodique et régulier. Gardez-vous seulement d'oublier qu'il ne faut chercher à monter, dans la vie, qu'avec la certitude — s'il en est une ici-bas — de ne point redescendre. Le monde capable d'estime pour une condition modeste, n'a jamais de pitié pour une déchéance.

C'est le multiple le plus brillant que je souhaite pour vous et je m'estimerai trop payé de mon agréable peine si je parviens à faire de vous, sans conteste, une myriafemme supérieure...

Et d'abord, je me défends d'écrire un code du savoir-vivre, traité pratique de la civilité puérile et honnête.

Il existe, dans tous les mondes, un protocole reconnu, dont chacun s'accommode, et que nulle femme n'est censée ignorer. D'éminents désœuvrés ont composé, là-dessus, de gros livres que les parvenus, dit-on, feuillettent sous le manteau. Mais j'ose à peine ajouter, — tant la chose est évidente, — que vous n'avez rien à y apprendre, parce que les femmes de votre sorte savent tout cela sans l'avoir jamais étudié.

La tâche qu'il vous a plu de m'imposer est singulièrement plus haute, plus malaisée aussi, non que je veuille, d'avance, grandir le mérite de l'avoir menée à bien, mais le fait de réglementer une existence emporte de si grands périls qu'une précaution oratoire est permise à qui le tente.

Vous brûlez de passer pour une femme supérieure, au sens pédant du mot, autrement dit une femme dont on vante le savoir, dont les mots courent les salons, dont les fantaisies provoquent l'admiration du plus grand nombre.

Laissez-moi donc vous confier comment se comportent celles qui sont de ma connaissance et croyez que je ne vous en impose nullement si je vous engage à leur ressembler.

Allez, ce n'est pas fort difficile, à telles enseignes qu'avec mon petit manuel, l'esprit ne vous servira de rien et qu'une moyenne courante d'intelligence vous sera tout au plus indispensable.

En effet, des facultés trop aiguisées vous entraîneraient vers la déplorable chimère qui porte la peine de mille extravagances féminines. Cette chimère, — ne le devinez-vous pas? — consiste à vouloir penser par soi-même. Or c'est là, souvenez-vous-en, ce qu'il importe d'éviter avec le plus de scrupule.

Ne vous hâtez pas de crier à l'impertinence. Je sais, et l'univers avec moi, que la femme a des finesses et des intuitions qui la font « juger divinement bien de toutes choses ». La sûreté de votre goût ne m'échappe nullement, non plus que votre impartialité...

Mais pourquoi fatiguer votre cerveau délicat à s'appesantir sur tant d'objets, dont beaucoup sont de la dernière aridité? A quoi sert, je vous prie, de tout connaître par le menu ? Le voudriez-vous, que votre vie surchargée d'occupations plus riantes ne vous en laisserait pas le temps.

Cependant, l'état de femme accomplie vous confère le titre de vivante encyclopédie, et rien n'est plus misérable, dans votre situation, que de risquer une énormité ou d'être réduite au silence.

Ce qu'il vous faut, c'est une mixture habilement préparée par votre tact d'opinions extrêmes et d'idées généralement admises. Mais vous ne devez utiliser les premières qu'avec circonspection et seulement lorsque vous les aurez entendu émettre par un personnage autorisé. Quant aux secondes, il suffit d'en rafraîchir assez l'expression pour leur donner un air de nouveauté, sans leur ôter leur allure bon enfant. En résumé, jamais de paradoxe inédit ; encore moins de lieux communs trop fripés.

Votre initiative, du reste, aura de quoi s'exercer dans le choix de ce qu'il convient de répéter, et des gens dont il faudra vous inspirer de préférence. Il est bon de rechercher ceux qui font profession de tout savoir et qui jouissent, à ce titre, d'une sérieuse considération. Ainsi, madame, pour l'usage que vous en voulez faire, Pic de la Mirandole et Larousse sont les plus grands génies de l'humanité.

En tout cas, j'y insiste avec complaisance, ne connaissant rien, ne jugez rien par vos propres lumières. Même, s'il se rencontre un objet inconnu et que vos habituels oracles n'aient point décidé encore, soyez héroïque : confessez votre gnorance. Le cas devant être fort rare, un tel aveu glissé de-ci de-là rendra plus vraisemblable votre omniscience.

Naturellement, ne citez jamais vos autorités. Ce que vous dites ou faites doit paraître de vous. J'y vois ce double avantage d'établir, sur vos auditeurs, le prestige d'un sens très judicieux ou très étendu et de ne point donner à ceux dont la pensée vous alimente, d'insupportables prérogatives.

Ne m'objectez pas que le monde ne saurait être dupe de semblables artifices, mais considérez plutôt l'enthousiasme déchaîné par un discours académique, généralement échafaudé sur les principes que je vous recommande.

Je n'énonce à dessein, dans ces *prolégomènes* que des généralités; c'est le « bloc » que j'envisage, me réservant de descendre ensuite aux détails du personnage.

Le personnage, oui, madame, c'est-à-dire votre façon d'être universelle, la tournure d'esprit que vous n'abandonnerez plus, une fois adoptée, l'opportuniste uniformité de caractère qui vous constituera un « type » spécial et reconnu, indispensable à l'état de femme supérieure.

L'obligation de vous singulariser vous apparaîtra sans doute, si vous daignez penser qu'on ne saurait dominer les autres en demeurant leur égal. C'est d'une logique enfantine.

Mais, en vérité, la chose est plus aisée à conseiller qu'à faire et le choix d'un personnage est rempli de sérieuses difficultés, tant les vertus de l'idéal sont diverses et parfois contradictoires.

Ainsi, vous devez être stable dans vos opinions, ne pas tourner à tous les vents, éviter de tomber dans le travers si féminin de la versatilité, mais pourtant, vous régler toujours sur les circonstances, ne point faire parade d'une obstination de mauvais goût et transiger sans cesse avec votre conscience, quand il vous sera loisible de procéder sans esclandre et seulement pour vous donner le mérite d'un large esprit de conciliation.

Un « type » trop caractérisé ne manquerait pas de vous susciter une foule de jaloux, et dans la nécessité où vous vous trouvez de partager vos bonnes grâces entre la chèvre et le chou, il est un moyen terme où vous vous arrêterez.

Allez-vous être exubérante, calme, rêveuse, enjouée, matérielle, éthérée, sévère ou languissante? Ne vous hâtez pas. Décidez en connaissance de cause et d'abord examinez votre tempérament.

Si vous êtes indolente, ennemie de l'ardeur et de la parole, le cas est grave; l'ascension sera difficile. Vous devrez, pour disputer aux bavards la première place, employer des moyens extra-intellectuels dont votre beauté sera le plus certain.

Mais ce n'est pas à craindre. Le pétillement de vos yeux, la prestesse de vos doigts, la sûreté de votre démarche me révèlent assez l'active souplesse de votre intelligence. Vous restez donc maîtresse de la situation et de choisir le personnage que vous jugerez convenable.

Il existe de vos pareilles, médiocrement raffinées, qui ne peuvent apercevoir une femme très riche ou très titrée sans copier aussitôt jusqu'à ses qualités.

Si le hasard des relations communes leur fait rencontrer Mme X***, dont le mari, financier, a recueilli des millions, en filtrant des eaux troubles, vous les voyez, durant une semaine, adopter de pareils gestes las et découragés, noyer leurs regards d'une identique langueur, traîner aussi, de phrase en phrase, leur accent fatigué sur commande ou étaler dans un fauteuil leur nonchalance pleine du dégoût de ce bas monde.

La petite marquise de Z*** vient à passer : changement à vue!... Les voilà babillardes, guillerettes, riant de tout et de rien, insouciantes au point de feindre des distractions pour paraître gamines et amuser l'entourage de leur délicieuse étourderie.

Prendrai-je la peine de vous faire ressortir la puérilité d'une semblable tactique? Se croire égales aux gens parce qu'elles les plagient en bloc est d'une étroitesse de vue lamentable, qui décèle le plus épais provincialisme.

Certes, vous n'avez pas la prétention de vous faire tout de go une attitude définitive.

Du moins, s'il vous faut emprunter, procédez à la façon des bohèmes intelligents qui ne sollicitent jamais la forte somme du même prêteur. Ils répartissent leurs demandes car ils savent que l'on trouve plus facilement vingt-cinq amis bons pour un louis qu'un seul pour cinq cents francs.

Imitez-les, en exploitant les femmes de vos relations qui vous semblent dignes de monter au rang de modèles.

A l'une prenez sa manière d'être enjouée, à l'autre sa distinction de bon aloi, à une troisième ses habiles ondulations de torse, à une quatrième son art surprenant d'étouffer les *s* en parlant du bout des lèvres, afin de ne point agrandir la bouche... que sais-je encore? Empruntez, empruntez, il en restera toujours quelque chose.

Ne ressembler entièrement à personne

et saisir dans chacune ce qu'elle a d'avantageux, voilà tout le secret.

Et tenez, voulez-vous une petite maquette du type que je rêve pour vous? Aux angles près, que votre tact arrondira, je ne le crois point trop mauvais.

D'abord, sans hésiter, soyez gaie. Oh! entendons-nous : pas de cette gaîté qui admet les grands accès de rire, s'alimente de vétilles, ou prend plaisir aux gauloiseries douteuses. Contentez-vous du sourire, suffisant pour souligner l'impression qu'il vous plaira d'avoir dans le moment.

Le sourire sera, chez vous, un instrument dont vous jouerez en virtuose. Tour à tour indulgent, poétique, approbateur ou dédaigneux, selon qu'il aura pour destinataire un fêtard, un ténor, un pion ou le premier venu, il ne devra jamais disparaître, même dans les plus tristes conjonctures, car il est aussi toute une gamme de sourires douloureux, dont le détail vous sera familier.

Un peu d'humeur, parfois, ne messied

pas, pour tenir lieu des indignations dont votre éclectisme vous écarte, mais je la veux courte, afin de ne désobliger personne et de vous donner tout juste l'apparence d'une conviction sincère.

Raillez, à l'occasion, les préjugés de notre société moderne, comme on raille son maître... en obéissant. L'esprit est le même aux divers échelons sociaux, frondeur et hiérarchique. Aussi rendra-t-on hommage à votre largeur d'idées tant que vous vous tiendrez aux discours et aux menues révoltes, mais ne perdez pas de vue qu'une franche mise en pratique de vos théories ne serait pardonnée de personne.

J'ajoute bien vite, mais très bas, que le ciel de tous les âges a permis les accommodements et qu'à la condition d'éviter le grand jour, vous pourrez établir un accord entre vos actes et vos paroles.

Et — faut-il aller jusqu'au bout? — le monde admirateur des enfants terribles qui le divertissent sans lui rien casser, opposera peut-être une étonnante inattention à celles de vos incartades qui, esquivant la trompette de la renommée, emprunteront, pour lui parvenir, le murmure de la confidence.

Mais n'anticipons pas...

Jetons plutôt un regard en arrière sur les femmes supérieures qui meublent l'histoire, non pas tant pour y trouver des exemples, toutes ayant beaucoup vieilli, que pour y découvrir la preuve que mes enseignements ont comme base des faits, non des théories arbitraires et conventionnelles.

Ève, cette grand'mère commune, grâce à laquelle je m'honore d'être un peu votre cousin, Ève, dis-je, ne doit guère sa notoriété qu'au serpent et à la pomme. Elle fut, c'est vrai, la première de toutes les femmes, mais vous jugez de son mérite puisqu'il n'y en avait pas d'autres.

Sémiramis ailleurs que sur le trône de Ninive, n'eût été qu'une grossière virago et une jouisseuse impudente, telle que sa collègue de Russie, plus rapprochée de nous, Catherine II.

La belle Hélène avait en trop ce dont manquait Pénélope.

Faut-il parler de Lucrèce? Je le crois, ne fût-ce que pour préserver les femmes en général et vous en particulier, madame, d'une funeste contagion. En somme, à l'imiter, l'univers sombrerait dans une épidémie de suicide. Et pourquoi? Je vous le demande. Pour une déclaration qu'un homme aimable aura voulu appuyer de quelque preuve! Ce serait la fin de toute civilisation et de tout raffinement dans le commerce de la bonne compagnie.

Mme de Staël n'était point si bégueule lorsque, Napoléon lui faisant répondre qu'il était au bain et ne pouvait la recevoir, elle persistait à vouloir entrer en déclarant que « le génie n'a pas de sexe ».

Elle pouvait le croire, après tout, puisque le roi de Rome était encore à naître...

Mais elle ne le croyait pas sans quelque regret.

Cornélie, de loin, montre un assez grand air, dans un genre tout différent. Malheureusement, son décorum cache mal l'austère et désolant ennui. C'est une femme qui, en dépit de ses charmes, a marqué beaucoup trop de penchant à l'affectation et qui s'est mise à la portée de la moindre nourrice en appelant ses enfants : « Mes bijoux ! » Ne l'imitez qu'avec prudence, car sa fermeté, si recommandable qu'elle soit, pourrait vous entraîner loin.

La femme de César eut au moins l'à-propos, ne devant pas être soupçonnée, de ne donner que des certitudes. Evitez le plagiat de ce côté.

L'amour de la déclamation a perdu Blanche de Castille et Clémence Isaure a marqué, pour les poètes, un goût infiniment trop exclusif.

Passons de même sur la Pucelle d'Orléans dont l'imitation servile vous priverait d'un de vos plus puissants moyens.

Catherine de Médicis mérite mieux qu'une mention. Les gants empoisonnés et les Saint-Barthélemy sont passés de mode, mais une mode éternelle est celle qui consiste à dénaturer à propos son sentiment, à masquer une antipathie compromettante, à refréner une affection oiseuse.

Cette femme fut grande parce qu'elle eut, poussée à l'extrême, la faculté de dissimuler avec assurance. Elle sut, tour à tour, caresser ou meurtrir selon les nécessités du moment. Cela, me direz-vous, toutes les femmes y excellent. J'en demeure d'accord, mais combien le font avec maladresse ! Combien frappent d'une main de fer, sans la ganter de velours ! Combien mentent en comptant sur leurs seuls privilèges de femmes, pour n'être point contredites avec éclat ! Combien enfin dépensent d'inutiles trésors de fourberie, pour le plaisir de ruser, sans urgence et sans profit !

Cela m'amène à dire que s'il n'est point de vice superflu qui soit justifiable, il n'est pas non plus de vice utile qui ne se puisse glorifier. La conduite de la reine Catherine est, en faveur de ma thèse, un bien fort argument et, n'en déplaise aux historiens partiaux, elle ne fit jamais rien qu'en vue d'un immuable but : être et rester reine. Or, la preuve qu'elle avait raison, c'est qu'elle fut et resta reine.

Agissez donc pareillement, en votre sphère plus étroite, et, pour peu que vous ayez la main légère, vous en récolterez des fruits incomparables.

Eloignez-vous de la route suivie par Mme de Maintenon. Son genre de rouerie est d'un ordre trop spécial et trop délicat pour aboutir ailleurs que dans l'alcove d'un roi. Et puis, tout le monde n'y serait pas pris aussi facilement que Louis XIV devenu ermite.

Il en va de même de Mme de Pompadour, beaucoup plus semblable qu'on ne croit à la dévote Scarron. Une chose d'elle, sans plus, est à retenir : elle griffonnait gentiment l'eau-forte et se piquait de musique. Vous en connaîtrez plus tard l'avantage.

Tout naturellement, j'en arrive à Mme Tallien, dont les déshabillés légendaires auraient aujourd'hui le plus pitoyable effet, quoi qu'en puissent dire d'égrillards godelureaux.

Vous tenez au monde sérieux? Alors, habillez-vous, haussez votre collet, au moins en public, sauf pour les cas dont je vous entretiendrai, au chapitre de la toilette. Car, s'il n'est pas un de vos austères censeurs qui, pris en particulier, ne vous sache le plus grand gré de l'opération contraire, leur ensemble est intraitable sur le respect des bienséances.

C'est ce qui a tant nui à Mme Récamier, fort appréciée de M. de Chateaubriand dans le tête-à-tête, mais cruellement décriée par ceux qu'elle ne recevait pas seuls.

George Sand est un merveilleux modèle qui, malheureusement, n'est pas à votre portée parce qu'il reste d'elle de meilleurs témoignages que les racontars de ses pique-assiette.

Les autres sont trop près de nous ; si vous les contrefaisiez, cela se verrait.

En somme, il ne vous échappera pas que les femmes dites célèbres ont dû leur gloire beaucoup plutôt à leur situation qu'à leurs mérites. A Paris, en ce moment même, vous trouveriez mille Cléopâtres et cent fois plus de Dubarrys auxquelles il ne manque que des Antoines et des Louis XV.

Aussi, devant cette loi fatale qui oblige la plupart des femmes à n'avoir de personnalité que celle qu'on leur prête, inclinez-vous de bonne grâce et glanez, à droite et à gauche, de quoi composer la vôtre.

C'est à quoi, je le répète, il va m'être infiniment doux de vous aider.

LE CADRE

CHAPITRE PREMIER

LE LOGIS ET L'AMEUBLEMENT

Ici, madame, commence l'examen minutieux de la stratégie que je crois propre à vous assurer, sinon une supériorité réelle qui vous importe peu, au moins l'apparence de cette même supériorité.

Ah ! l'apparence ! Tout est là, n'est-il pas vrai ? Aristide, cet Athénien démodé qui voulait être juste, non le paraître, avait les idées de son temps et si je vous révèle que ce temps était encore antérieur à celui d'Hérode, il ne vous sera pas difficile de comprendre que de telles opinions aient un impérieux besoin d'être rajeunies.

Écoutez donc et faites votre profit.

Il me paraît d'abord opportun, avant de donner la comédie, d'installer le théâtre, de dresser la scène et de machiner les décors, c'est-à-dire de ne rien donner au hasard dans le choix et l'ornementation de votre logis.

C'est là, en effet, que vous livrerez bataille à l'indifférence et à la jalousie ; c'est là qu'aboutiront, ou je me trompe fort, les hommages et les justes tributs que vous vaudra votre nouvel état. C'est là que sera le sanctuaire, au fond duquel trônera votre souveraine divinité.

Or, que cherche-t-on dans un tel lieu ? Quelle impression ont désiré produire les édificateurs de tous les sanctuaires, aussi bien des temples doriques que des pagodes chinoises ou de nos cathédrales couronnées d'ogives ? Est-ce la tristesse ? Non pas, car un abord maussade écarte les fidèles et fait le vide, bien loin à la ronde. Est-ce la gaîté ? Pas davantage, car les privautés de l'abandon qu'elle provoque ne sont guère compatibles avec le respect et l'admiration.

C'est en réalité un composé de majesté aimable et de grâce imposante, qui réussit le mieux, en vue d'un pareil but. Il faut de la richesse et de l'agrément pour plaire au passant, mais aussi de la grandeur et quelque peu de mystère pour maintenir les distances.

Aussi, je redoute pour vous les quartiers neufs, les maisons à peine issues de terre, avec leur folâtre floraison de balcons, de corniches, de campaniles, de vérandas.

Je ne conteste pas l'avantage d'habiter une de ces cages somptueuses étalées le long d'une avenue verdoyante, mais c'est trop frais. Vos habitudes, toutes de traditions, vos goûts vieillots, — des goûts de famille comme les portraits et les bijoux, s'accommodent mal des pierres taillées de la veille et des plâtres imparfaitement séchés. Il y a dans ces façades, à la blancheur insolente, quelque chose qui sent la fortune soudaine provenant d'une boutique liquidée d'hier ou d'un coup de bourse inexpliqué.

Par contre, quelle poésie dans les anciennes bâtisses de la rive gauche ! Quelle ampleur dans ces escaliers de pierre dure bordés de fer forgé, où le bruit de vos pas semble un écho mourant des talons rouges de l'autre siècle ! Quelle ombre charmante, pleine de visions soyeuses et poudrées, dans ces jardins encaissés, dans ces cours aux larges pavés quadrillés d'herbe fine !

Et puis, ce quartier que je vous prône a pour lui l'inégalable prestige de son nom : faubourg Saint-Germain !

N'avez-vous jamais entendu quelque provincial enrichi proclamer avec emphase : « Je viens de faire une visite au faubourg Saint-Germain ! »

Il semble, à ces mots magiques, qu'un potentat soit proche et qu'éclatent, pour lui faire honneur, les cent et un coups de canon traditionnels.

Habiter le faubourg Saint-Germain, y avoir un ami, y dîner seulement, y passer même, c'est recevoir l'investiture d'un peu d'aristocratie, c'est s'allier dans une certaine mesure aux familles chevaleresques qui le hantent, c'est presque prouver qu'on a eu des grands-oncles prisonniers de Saladin.

Vous saurez plus tard de quelle importance est un tel élément de supériorité.

Contentez-vous d'apprendre, pour le moment, que la rue de l'Université, la rue Saint-Dominique, la rue de Grenelle et la rue de Varennes, sont les premières désignées pour l'établissement de vos pénates.

A la vérité, les rues transversales, de Monsieur, de Bourgogne, de Bellechasse, ont leur valeur, mais ce n'est déjà plus la même qualité. Il ne les faut envisager que comme pis aller.

Voilà qui est entendu : vous avez trouvé un hôtel séculaire au fond d'une cour, ayant deux étages tout au plus, mais fort élevés. Les portes du rez-de-chaussée sont en forme d'arcades, bordées de guirlandes ; deux petites ailes contiennent les écuries et les remises qui, hélas! resteront vides — n'oublions pas que vous n'avez que 40.000 livres de rente — une autre aile sépare la cour de la rue et présente une haute porte cochère, vermoulue et délabrée si vous voulez, je n'y vois pas d'inconvénient.

Entrons — en voiture, cela va de soi — et descendons sous la marquise dont il vous suffira de faire remplacer les vitres ébréchées.

Voici le vestibule du bas. A moins qu'il ne soit dans un état de dégradation inacceptable, gardez-vous d'y faire donner un coup de pinceau. Les boiseries jadis blanches, un peu salies par le temps, sont le meilleur ornement, le plus sûr témoignage de l'authenticité du style ; de même pour la rampe, qui restera ce qu'elle était sans qu'on se risque à la travestir d'une couleur sacrilège...

On n'admet plus un escalier sans tapis. La pierre polie du vôtre sera donc recouverte d'une moquette à grands ramages, aux tons morts, à la laine épaisse.

Je passe sous silence l'indispensable lanterne suspendue à une chaîne, les palmiers trop classiques des encoignures et, par la grande porte à deux battants du premier étage, je marche en votre compagnie, vers l'appartement lui-même.

Dans l'antichambre, j'aimerais à voir des tables massives, des armoires pesantes, des coffres en chêne et des porte-parapluies monumentaux, mais je n'accorde pas à ces détails plus d'importance qu'il ne faut. Que ce soit décoratif, meublé, pratique, et l'arrivant qui traverse n'en demandera pas davantage.

J'ai hâte, au surplus, d'aborder votre salon. « Votre salon » est le terme général. Dans la pratique, il convient d'en avoir au moins deux, le grand et le petit.

Le grand, c'est le forum, où se donneront les fêtes, où se traiteront les affaires importantes, où l'on entendra de la musique élevée, où se rencontreront les personnages trop éminents pour s'accommoder du petit.

Je le conçois comme un mélange de cabinet ministériel et d'élégant boudoir, avec des tentures sombres, des rideaux et des tapis épais, des meubles de style Louis XIV, recouverts de Beauvais discret et passé. Quelques fauteuils Empire ne feraient pas mauvaise figure, surtout à cause de leur largeur et de leur solidité.

Il est en effet nécessaire de prévoir l'ampleur et le poids de vos futurs familiers. Or, à ne considérer que les économistes, presque tous gras et bien nourris, il est à craindre, qu'au mépris de leur grand principe, ils n'offrent aux sièges plus que ceux-ci ne demandent. Voyez-vous alors le scandale si quelque mignonne bergère Louis XVI, vaincue par la surproduction du visiteur, manque des quatre pieds et s'abîme en grand fracas !

Avec l'Empire et le Louis XIV, rien à craindre; c'est massif, solide et résistant à supporter un chapitre de chanoines.

Mais, pour le contraste, je souhaite de fines chaises aux barreaux fluets, au bord desquelles se poseront, les effleurant à peine, les jeunes filles, les poètes et les romanciers féministes.

J'exige une queue à votre piano, dans vos lampes massives, de l'huile et non du pétrole; un lustre modeste, mais copié de Caffieri, sans cristaux ni pendeloques; et aussi des poufs de brocart mauve, des coussins enrubannés, des abat-jour gigantesques, n'excluant pas les globes des temps sérieux; des tables chargées de miniatures; des tabourets dorés pour donner du ton et tout juste ce qu'il faut de bibelots pour prouver qu'on en a.

La cheminée sera sobre, sans baldaquin, à moins qu'il ne soit d'une étoffe très vieille et très précieuse.

Si votre buste n'est pas encore achevé, placez au centre une réduction du *Laocoon* ou de la *Victoire de Samothrace*, en bronze évidemment. Enfin des fleurs, des fleurs partout, même de ces fleurs au parfum enivrant et capiteux qui embaument surtout les feuilletons. La femme et la fleur se tiennent de si près !

Il y a la question des portraits d'ancêtres qui est assez délicate.

Etant donné ce que vous êtes et surtout ce que vous aspirez à être, vous ne sauriez vous passer d'un ou deux hommes à perruques et d'autant de femmes à la mode de 1700, avec, bien entendu, des intermédiaires jusqu'à nos jours, de façon à figurer la lignée de votre mari ou la vôtre, au moins depuis le XVIIe siècle, et à prouver ainsi que votre origine a quelque décence.

Si vous possédez les toiles obligatoires, c'est à merveille. Encore faut-il que le costume des ascendants portraiturés dénote un rang social avouable. Dans le cas, par exemple, où votre trisaïeul mort en 1787, serait vêtu d'une souquenille, faites gratter ce qui n'est pas le visage et rétablir, à la place du fâcheux accoutrement, un coquet habit brodé, orné d'une croix de Saint-Louis. N'allez pas jusqu'au cordon bleu du Saint-Esprit, car les chevaliers étant catalogués depuis l'origine de l'ordre, quelque sot héraldiste pourrait vous chicaner.

Si, par contre, vous manquez absolument de ce genre de tableaux, procurez-vous-en dans le plus bref délai, mais pas à Paris, ni même en France, afin d'éviter, plus tard, d'humiliantes reconnaissances.

Explorez des pays perdus, Salamanque, je suppose, dont

> Les étudiants joyeux
> Pauvres mais tous gentilhommes
> Ayant moins d'or que d'aïeux.

se feront une fête de vous céder, à bon compte, de respectables effigies.

Plus vous en aurez, mieux cela vaudra. On se trouve bien d'en pendre jusque dans les corridors et sachez qu'une tête hirsute, voire patibulaire, datant d'Henri IV, servira plus à votre gloire qu'un pur chef-d'œuvre de l'école italienne qui ne serait pas un portrait.

Combien de gens d'une noblesse indiscutable se livrent pourtant à la chasse aux aïncêtres ! Je pourrais vous citer une femme de haut mérite, dont le grand-père joua, sous Louis XV, un rôle politique important, et qui s'est fait, à beaux deniers comptants, une famille rétrospective .. .

Mais le petit salon nous sollicite. . . .

Là vous êtes libre : c'est un temple menu à côté du grand, une chapelle à côté de la basilique, où votre fantaisie se donnera carrière.

Des sièges larges et bas, des divans moelleux, des tentures guillerettes, des fanfreluches, des bagatelles, des lampes minuscules, des statuettes, des livres joyeux, des gravures égayantes, telle en est la composition préférable. Meublez-le selon le premier caprice venu, car en ce lieu destiné aux confidences, aux bavardages intimes et aux propos aiguisés, vous affecterez de laisser conspirer vos amis, sans y entrer jamais vous-même ostensiblement.

Si parfois vos vapeurs ou votre lassitude vous induisent à une langoureuse intimité, recevez de préférence dans votre chambre à coucher dont l'atmosphère sera plus familière et plus engageante que celle du grand salon, mais moins légère et moins compromettante que celle du petit.

Je la vois, cette chambre, d'une couleur chaude et uniforme avec ses tentures, ses rideaux droits et lourdement plissés, sa chaise longue, ses meubles entièrement recouverts de soie bleu de roi. Tout y est bleu de roi jusqu'au tapis où les pas s'étouffent. Les glaces même n'y réfléchissent que du bleu de roi, à peine rayé çà et là par le blanc laqué des bois Louis XVI.

Aux fenêtres, des stores festonnés, bleus aussi, laissent filtrer une lueur de rêve. C'est comme un peu de ciel enfermé dans les vieilles murailles et tout ce qu'on y dit ou fait doit être céleste. Ne vous effrayez pas : les objets les plus terrestres sont susceptibles d'être, au besoin, présentés sous cet aspect; il ne faut qu'un peu d'art et d'imagination pour en parfaire le mirage et, à la condition de mettre des formes aux choses, l'on ne sera pas plus malheureux dans votre chambre que partout ailleurs.

A coup sûr, l'ameublement, les couleurs et la disposition de votre chambre à coucher sont articles de conséquence, mais qui ne sauraient primer en intérêt la question des images pieuses, car vous avez de la religion, madame, ou tout au moins les dehors d'une conviction très précise à l'endroit des dogmes catholiques romains.

D'où, nécessité d'afficher quelque part vos croyances, sous forme d'emblèmes éloquents qui soient comme une profession de foi permanente, fixée au mur. Or quel endroit plus propice que la chambre à coucher?

Les bourgeoises mesquines, les femmes de rien s'estiment heureuses de placarder à leur chevet une mauvaise copie de la *Vierge à la chaise* ou quelque autre insipide Raphaël reproduit par un pinceau mercenaire, si ce n'est par la chromolithographie.

Il n'en va pas de même de vous à qui vos raffinements artistiques imposent un autre goût que celui qu'on affiche pour les bonnes grosses luronnes qu'une indulgente postérité s'obstine à décorer du nom de *Vierges*.

C'est du préraphaélite qu'il vous faut, des vierges morbides et verdâtres, contournées et maigrichonnes devant lesquelles, avec un peu d'auto-suggestion, vous arriverez comme tant d'autres à goûter des sensations intenses, non encore éprouvées.

On en trouve aisément par le temps qui court et Montmartre possède une phalange de troublants primitifs qui vous peindront, pour un morceau de pain, tous les saints du paradis, au degré de décomposition que votre dilettantisme leur indiquera.

Avec cela, un christ janséniste aux bras verticaux, un rosaire en noyaux d'olives du Golgotha compléteront avec avantage votre exhibition dévote, ce qui revient à dire que vous devez en cela, comme en tout, tâcher à n'être pas banale, sans pourtant faire étalage d'une originalité suspecte.

Ai-je besoin de mentionner que votre chambre vous est strictement personnelle et que celle de votre mari est à une distance suffisante pour vous éviter les surprises?

Enfin je ne saurais m'éloigner sans jeter un coup d'œil à votre cabinet de toilette, à cet arrière-refuge où personne jamais ne pénétrera, même et surtout votre mari, en dépit de ses tentatives pour y être autorisé.

Personne, ai-je dit, et je ne souffre nulle exception, du moins lorsque vous y êtes, mais l'on doit avoir une vague notion de ce qui s'y trouve et de ce qui s'y passe. Ne prenez pas la peine de renseigner là-dessus âme qui vive; les domestiques s'en chargeront avec d'autant plus de profit qu'ils joindront à leurs rapports ce je ne sais quoi d'exorbitant et de merveilleux qui donne aux propos de valets une saveur si singulièrement pimentée.

Vous me comprendrez mieux tout à l'heure.

Ce cabinet, vous allez l'installer dans une grande pièce, prenant jour par un plafond en verre dépoli et munie d'une alcove où sera la baignoire.

Les murs seront tapissés de nattes et le sol recouvert de carreaux de vieille faïence formant mosaïque, tandis que deux rideaux s'ouvrant ou se fermant à volonté, isoleront ou dégageront la suggestive alcove.

Il est à désirer que la toilette de marbre rose, où l'eau arrive directement, soit immense et à deux cuvettes. Pourquoi deux? Je l'ignore, mais il est bien certain qu'il est plus confortable d'avoir deux cuvettes qu'une seule.

C'est un des rares endroits où tous les raffinements modernes seront admis : électricité, chauffoir, calorifère, etc.

Sur les tablettes de marbre, disposez à profusion les brosses à dos d'ivoire chiffré de vermeil, les peignes d'écaille blonde, les limes d'argent, les pierres ponces, les éponges grandes et petites, les pots, les flacons, les ongliers et, en général, toutes les pièces composant l'arsenal usuel d'une femme supérieure, très méticuleuse par conséquent dans le soin de sa personne.

De plus vous aurez... ici je ne serais pas fâché d'utiliser une périphrase. Le mot « arsenal » échappé tout à l'heure à ma plume va me la fournir.

Votre cabinet de toilette n'est pas seulement un arsenal mais une place forte pourvue d'une garnison où toutes les armes sont représentées.

Dans les peignes et les brosses qui cheminent à travers les broussailles de la chevelure je reconnais l'infanterie; les ciseaux, les limes et les pinces personnifient assez bien le génie rasant les futaies, creusant des parallèles; l'artillerie, c'est les boîtes et les houppes chargées de poudre, mais par bonheur toujours à blanc... Il nous reste à découvrir la cavalerie... Ah! madame, vous l'avez déjà nommé ce gracieux instrument quadrupède, m'évitant ainsi de démêler, dans un trivial examen, de quoi il tient le plus, du cheval ou du violon.

Eh bien! efforcez-vous d'en dénicher un qui soit historique, doré, garni de petits amours polissons.

M. Victorien Sardou possède, dit-on, celui de Mme du Barry. (Comme ce n'est pas le talent qu'on y baigne d'ordinaire, j'imagine que le pauvre ustensile doit regretter amèrement, par comparaison, son amazone de jadis.)

Vous auriez celui de Voltaire ou de Mme de Deffant qu'un peu de leur gloire vous arriverait par lui...

Mais, dites-vous, suffisamment édifiée, et la baignoire?

J'y viens, madame. Pour le côté historique, vous serez ici plus embarrassée : la baignoire de Marie-Antoinette et celle de Napoléon sont toujours dissimulées sous leur sopha, l'une à Versailles, l'autre au Grand Trianon; le sabot de Marat est au Musée Grévin, la vasque du duc de Morny au Palais-Bourbon. Aucune n'est à vendre.

Contentez-vous alors d'un engin moderne bien conditionné.

Au reste l'intérêt n'est pas dans la baignoire mais dans l'alcôve où elle sera enchâssée. A part naturellement, le côté qui s'ouvre sur le cabinet de toilette, que l'alcove entière soit tapissée de grandes glaces; à droite, à gauche, au fond, au-dessus. Je veux des miroirs horizontaux, verticaux, transversaux, de façon que votre joli corps s'insinuant dans l'eau tiède et parfumée, vous soit visible de tous côtés, avec ses plus ravissants raccourcis, ses courbes les plus enchanteresses.

Et ne m'accusez pas, s'il vous plaît, d'excitations suspectes, d'arrière-pensées libidineuses. Je n'invente rien; je décris tout uniment la cabine de bain que j'ai vue et dont se servait, au château de Compiègne, il n'y a pas encore trente ans, l'Impératrice elle-même.

L'avantage de tout cela sera, non seulement de vous procurer journellement la contemplation délicieuse de vos propres appas, mais de faire répandre par votre femme de chambre qui vous reçoit le peignoir ouvert, au sortir de l'eau, des détails affriolants sur vos secrètes beautés, sans qu'il en coûte rien à votre pudeur.

On saura, parmi vos admirateurs, ce qu'il est bon que l'on sache et les médisants n'y trouveront rien à dire.

CHAPITRE II

LA TABLE

Il m'a paru bon de réserver, pour en parler à loisir, la pièce la plus utile de l'appartement et le plus indispensable de tous les meubles.

C'est de la salle à manger qu'il s'agit d'abord, de cet autre sanctuaire où l'on rencontre l'autel vénéré par excellence et dont les fidèles pratiquent assidûment le culte, j'ai nommée la TABLE.

Ne vous y trompez pas, madame, si le velours de vos yeux, l'attrait de votre sourire, le charme de votre causerie, la grâce de vos gestes établissent votre empire sur une multitude de cœurs, il est infiniment plus sûr et plus profitable à votre supériorité de vous attacher les intestins de vos admirateurs.

L'amitié s'use, la reconnaissance s'aigrit, l'amour s'envole, seule la faim est vraiment stable.

Il ne faut pas au moins prendre le change sur le mot et lui attribuer le sens vulgaire que lui donnent les misérables. Il est clair que nul représentant de votre élégante clientèle n'arrivera chez vous, les dents longues, le ventre vide, prêt à se ruer sur le potage. Les gens du monde n'ont jamais faim — combien s'en plaignent! — et ils laissent à la canaille la grossièreté d'une telle sensation, se réservant, comme une volupté de bonne compagnie, le plaisir délicat de goûter à mille riens exquis, de savourer les chefs-d'œuvre culinaires qui sont la gloire de notre époque.

Or, je le répète, si le désir de régner exclusivement sur les cœurs et les esprits dénote une louable ambition, la vôtre, il trahit également un sens incomplet de la domination.

César, en présence de l'armée de bellâtres que commandait Pompée, criait à ses vétérans : « Frappez au visage, » estimant avec raison que ses jolis adversaires, dans la crainte d'être défigurés, ne résisteraient pas à une semblable manœuvre. Ce fut en effet ce qui arriva et la victoire récompensa la clairvoyance du fameux dictateur.

Eh bien ! je vous le déclare, si vous souhaitez un triomphe rapide et sûr, frappez à l'estomac.

Chez tout le monde, c'est le point vulnérable. Il n'est pas d'homme qui ne soit sensible à la perspective d'un fin repas et tel, qu'un bal ou même un rendez-vous galant laisse indifférent ou... désarmé, retrouve ses vingt ans pour aller dîner en ville.

Mais procédons par ordre.

En un temps où la plupart des salles à manger affectent une somptuosité lourde de brasseries allemandes, avec leurs tentures sombres, leurs meubles massifs, leurs chaises rembourrées, leurs tables pataudes, il importe d'introduire dans la décoration de la vôtre un goût plus riant et plus français.

La comparaison sera faite, on trouvera que, chez vous, la bonne humeur attend les convives dès le seuil ; on aimera à se rendre à vos invitations, non seulement pour la bonne chère qu'elles sous-entendent, mais aussi pour le plaisir que se promettent les yeux accoutumés aux richesses un peu funèbres des autres maisons.

Pour cela, le frivole Louis XV s'impose.

Les murs seront en boiseries réséda, ainsi que les portes, avec de petites arabesques de même couleur et des boutons de serrure en bronze éteint. Le tapis recouvrant le parquet sera, lui aussi, réséda uni, sans fleurs, sans ornements d'aucune sorte. Les rideaux des fenêtres seront de toile peinte, où l'on verra, par transparence, d'agréables dessins de l'autre siècle.

Bannissez les chaises incommodes et banales pour les remplacer par de mignons fauteuils cannés, de pur Louis XV, recouverts d'une fraîche peinture réséda.

Dédaignez de même ces dressoirs monstrueux bourrés de vaisselle hétéroclite, d'objets en toutes sortes de métaux, disposés en étalage avec la plus bourgeoise prétention.

Au lieu de ces magasins encombrés et encombrants, placez de menues consoles du style et de la teinte du reste, sur lesquelles des fleurs mettront leurs notes plus vives, ou bien encore de petits buffets aux lignes gracieuses, dans les vitrines desquels vous pourrez installer sans inconvénient quelques tasses minuscules de vieux Saxe, avec des bleus de Sèvres pour servir de fond. Mais, encore un coup, pas de ces amoncellements d'or et de vermeil, éblouissants comme la guimbarde d'un marchand de vulnéraire.

Au milieu de tout cela, il faut une table aux pieds courbes, fort grande et recouverte d'une nappe blanche, à moins cependant que vous ne préfériez le dessus entièrement en glace, ce qui se voit dans quelques maisons et serait, chez vous, d'un effet ravissant.

En matière d'éclairage, vous pensez bien que je réprouve avec horreur, la hideuse suspension ainsi que ses poulies grinçantes, ses chaînes et son inénarrable contre poids.

Pour illuminer ce cadre aux couleurs aimables et douces, pour emplir la salle entière d'un éclat à la fois puissant et modéré, capable de faire valoir le service mais non d'éblouir, il n'y a de possible qu'un lustre.

Encore est-il indispensable qu'il soit de taille à remplir son office. Quarante lumières y suffiront, aidées par deux candélabres Louis XV comme lui, si l'assistance est nombreuse et la salle très longue.

Quant au couvert, la sobriété des alentours vous autorise à y déployer toute la profusion qu'il vous plaira.

C'est l'occasion de montrer que vous

possédez de la vaisselle plate et surtout que vous vous en servez, bien loin de l'immobiliser dans le calme pompeux d'un étalage.

Des fleurs, beaucoup de fleurs, des flacons au col d'or, des verres à l'insaisissable filigrane, des fourchettes, des couteaux guillochés, couverts de toutes les armoiries qu'il vous sera loisible de rassembler.

Si les soupières précieuses, les aiguières et les plats d'argent sont un peu dépolis et bossués, tant mieux. C'est moins éclatant mais il semble ainsi que votre vaisselle ait affronté les siècles et vous vienne de ces lointains aïeux qui sont pendus au grand salon.

Au cas où vous auriez acheté en bloc, un lot d'argenterie, veillez à ce qu'on n'y trouve pas les armes de l'Empereur ou de la Ville de Paris; la splendeur des alliances a ses limites et le vraisemblable exige la plus prudente considération.

Mais tout cela n'est que mise en scène et, si délicieux que soit le régal offert aux regards de vos invités, une assiette d'or vide ne vaut pas une écuelle garnie.

Oh! je sais bien : on entend tous les jours des gens déclarer, après le dessert, que la jouissance du repas est bien moins dans le repas lui-même que dans la façon dont il est servi. Propos de gavé, madame, que nul n'oserait tenir avant les hors-d'œuvre et dont vous ne bénéficieriez pas, si, comme Mme de Maintenon, vous remplaciez le rôt par un conte.

Que cette remarque ne vous rejette pas dans l'excès contraire et ne vous induise, en aucune manière, à présenter, sur votre table, des morceaux énormes, des viandes formidables, dégouttantes de sang, des monceaux de légumes à six sous la livre ou des tartes copieuses, d'une digestion difficile.

Non, vous vous tiendrez à ce qu'on nomme communément un dîner très parisien, c'est-à-dire composé de petits plats, en grand nombre, tous accommodés selon des formules impénétrables.

En principe, un mets « nature » ne doit pas paraître à vos dîners. Mettrait-on tant de hâte à y venir s'il ne s'agissait que de manger des œufs à la coque ou des poulets rôtis?

Vous ne le supposez pas. Et puis on aime à se croire le palais blasé, à se dire qu'on a dégusté dans sa vie tant et de si bonnes choses, qu'une sensation neuve est désormais bien improbable. Quel triomphe, alors, si vos mystérieuses mixtures dissipent pour un instant le scepticisme des tubes digestifs qui vous honorent de leur préférence!

Mais il faut boire aussi. Ah! s'il existait des vins Louis XV, du Vougeot des moines 1760! Quelle harmonie dans le style! Quelle poussière d'ancien régime sur la bouteille!

Je crains, hélas! que les générations passées, aussi gourmandes que nous, n'aient point eu la préoccupation de vous réserver de ce nectar rarissime.

Cherchez donc dans l'espace ce qui

fait défaut dans le temps et si les dates extravagantes demeurent inabordables, que les pays lointains fournissent à l'envi de quoi remplir les bataillons de petits verres.

Des vins de Tokay, de Chypre-Larnaka, de Perse, du Thibet, de Bornéo, de Vancouver, que sais-je encore! Voilà de quoi donner des sensations neuves et vous faire une belle renommée!

Car cela se saura. Lorsque votre cour de gourmets sera dispersée, chacun s'en ira de son côté dire, d'un air important, soit au cercle, soit au Bois, soit ailleurs : « Il n'y a plus que chez Mme X*** qu'on dîne! »

Or, le jour où pareil propos sera colporté sur vous et vos menus, vous serez bien près d'atteindre au prestige rêvé, par la bonne raison qu'il en sera de vous comme d'Amphitryon, et que c'est une vérité reconnue que la véritable femme supérieure est la femme supérieure où l'on dîne.

CHAPITRE III

LA CHAISE LONGUE

On ne se rend pas suffisamment compte, en général, de la puissance extraordinaire que représente une chaise longue. Aussi voyons-nous la plupart des femmes négliger ce meuble incomparable, le laisser à l'état de capital endormi, sans se douter que dans cet assemblage de bois, d'étoffe et de ressorts, il y a l'arme la plus sûre, la plus irrésistible, qui se puisse imaginer, en même temps qu'un trésor d'où, par une exploitation éclairée, pourraient sortir des profits incalculables.

Même, assure-t-on, il y a des femmes qui n'en ont pas. Cela revient à s'avouer vaincue d'avance dans toutes les batailles de la vie, à renoncer, je ne dirai pas seulement à régner, mais à tenir sa place dans le monde.

Certes, toute femme ne saurait être supérieure. Encore est-il parfois indispensable qu'elle exerce une influence, manifeste une initiative, existe enfin. Or, rien n'est plus aisé avec une chaise longue, et nous allons voir que si elle est d'un si grand secours dans la vie usuelle, elle n'est pas moins utile dans les hauteurs auxquelles vous tendez.

Si la chambre à coucher est le temple, la chaise longue est le piédestal. Cela n'a pas l'excessive intimité du lit, non plus que la correction cérémonieuse du fauteuil; c'est le meuble universel servant à tout, une sorte de terrain neutre où vous pouvez, sans gêne, si vous le jugez bon, accueillir quelques prévenances de votre mari, écouter d'amusantes médisances, recevoir d'excellents amis, morigéner les domestiques. On y peut tout faire, vous dis-je, et bien d'autres choses encore.

Mais, objectez-vous, ne ferait-on pas aussi bien tout cela dans une bergère ?

Que non pas ! En dehors de la facilité d'être assise ou étendue sur une chaise longue, selon la conjoncture, comptez-vous pour rien les ondulations, les courbures de taille, les détours de torse auxquels elle oblige ? Y a-t-il un meuble au monde capable de mettre aussi parfaitement en valeur votre personne ?

Une bergère ! Le premier venu est capable de s'asseoir dans une bergère ! Une créature du commun saura s'y installer sans se couvrir de ridicule ! Votre propre femme de chambre y ferait une figure avouable ! Tandis qu'il faut être douée pour se laisser tomber décemment sur une chaise longue. Il y a presque du génie et, en tout cas, un art superlatif dans ce coup de hanche imperceptible qui rejette la robe du côté où elle doit se déployer sur la partie du siège inoccupée, pendant que le corps, rejeté à l'opposé, s'abandonne et se pose.

Admettez-vous un instant comme possible que le hasard seul préside à un mouvement d'autant plus compliqué que l'apparence en doit être plus naturelle?...

Ce n'est rien encore.

La chaise longue est intéressante et précieuse, surtout en ce qu'elle évoque, par une association nécessaire, la question des vapeurs.

Bien souvent je me suis lamenté sur ce que les femmes d'aujourd'hui n'ont plus de vapeurs. Que dis-je? Sait-on même ce que cela peut être, dans ce siècle de la vapeur, ignorant ou dédaigneux de la grâce des pluriels!

C'est un fait. Les vapeurs ont disparu de notre ciel intime, sans, hélas! qu'il en ait moins de nuages, et c'est précisément à cause de leur caractère délicat et léger qu'on leur a fait la guerre.

Jadis — je parle de nos arrière-grand'-mères — lorsqu'un souffle passait, dérangeant la poudre d'une coiffure, que le bengali dans sa cage semblait triste et congestionné, que le carlin n'avait pas mis dans sa digestion la réserve habituelle, qu'une amie d'enfance venait de rendre l'âme, qu'une porte, soudain, battait avec violence, lorsque l'azur du ciel se pommelait de gris, que le livre attachant arrivait à sa dernière page, ou que, seulement, le seigneur et maître rentrait plus tôt qu'il n'avait annoncé, la dame se renversait sans hâte au dossier de la chaise longue, prenait encore le loisir d'étendre ses pieds mignons, puis, les yeux clos, les lèvres entr'ouvertes, les joues pâlies et les bras morts, elle attendait qu'on lui rendît le sentiment avec des sels et des cordiaux appropriés.

Rien n'était charmant comme la compagnie empressée autour de la jolie malade, mêlant, dans chaque mouvement, le murmure des mots échangés à voix basse avec le bruissement des habits de soie.

On délaçait la pauvrette, qui maintes fois, s'attardait volontairement dans la syncope, afin de ne point priver d'un aimable spectacle ceux qui l'allaient quérir dans son corsage. Mais bientôt la vie revenait, sous forme de sourire, avec un peu de rougeur du désarroi, et l'on se complimentait sur le dénouement toujours prévu, toujours heureux.

Un peu de tristesse dolente persistait tout le jour, dont les familiers n'éprouvaient que la langueur, sans la moindre âpreté, jusqu'à ce que, le tour de carrosse, le souper et le bal étant venus, les papillons noirs prissent leur vol, ne laissant pas même après eux le sillage du souvenir.

Quelques belles, en proie à ces menus soucis, guerroyaient contre eux et, d'une attaque, les mettaient en déroute; d'autres les portaient au lit et, doucement vaincues, s'endormaient avant eux, mais toutes en souffraient de si bonne grâce et perdaient si peu, dans l'aventure, leur désir et leur science de plaire, qu'on s'empressait plutôt à les soigner qu'à les plaindre, parce que la plainte se peut envoyer de loin, tandis que le premier soin à donner était de dénouer le cordon du corset...

Voilà, ou à peu près, ce qu'étaient les vapeurs.

En regard de ce gracieux tableau, quel équivalent contemporain possédons-nous?

Ah! madame, c'est à frémir. Non seulement la chose a perdu son attrait, mais le nom même est victime de la désuétude. Une femme, à l'heure actuelle, je le répète, n'a plus de vapeurs, elle boude, elle rognonne, elle bougonne, et l'on dit qu'elle le fait à la pose, lorsque, par miracle, ce n'est point à l'oseille!

Sans vouloir épiloguer sur le caractère amèrement expressif de cette allusion potagère, je vous supplie, au nom de votre intérêt, d'être la restauratrice des vapeurs.

Et ce serait juger superficiellement ma pensée que de la croire en tout motivée par l'agrément des afféteries innocentes ou le plaisir d'assister à votre évanouissement,

La portée des vapeurs est autrement considérable, autrement pratique.

Un exemple : Vous attendez la visite d'un concurrent, d'un adversaire, d'un mécontent, d'un créancier, d'un homme, par conséquent, dont l'esprit n'est pas à la patience, ni au marivaudage. Il ne vous est pas permis de l'évincer : les circonstances vous obligent à le recevoir en personne.

Au coup de sonnette, vous vous jetez sur votre chaise longue, où le visiteur vous trouve demi assise, demi couchée, entourée d'une armée de coussins dont le duvet se creuse sous la molle pression de vos membres.

Le tableau, à coup sûr, n'est pas pour rebuter ni pour faire naître la fureur : du reste, il serait sans précédent qu'un homme irrité ne se calmât pas à l'instant devant une femme armée d'une chaise longue. C'est magique !

« Monsieur, dites-vous d'une voix à peine distincte, bien que très souffrante, j'ai tenu à vous recevoir moi-même... »

Et vous allongez vos jambes, avec une fugitive grimace de souffrance, tandis que votre interlocuteur, hypnotisé par la chaise longue, balbutie : « Oh ! Madame... Mille pardons... C'est moi... Comment donc... »

Or, n'est-il pas vrai, quand un homme en est là, il est bien superflu de perdre le temps à discuter. Vous expédiez donc votre visiteur en trois mots et lui dites pour préciser le congé : « Pardonnez-moi de ne pas vous reconduire. Je suis si faible que... »

Vous le verrez se lever, se confondre en excuses et sortir à reculons.

Si pourtant, contre toute prévision, le faquin osait parler haut, maintenir ses revendications ou ses doléances, jugez quel rôle odieux il est en votre pouvoir de lui donner. Un homme qui abuse de l'impuissance et de la maladie d'une femme pour la tourmenter, l'injurier presque ! Fi, quel goujat !... Tel est le thème ; les variations sont infinies.

J'en ai dit assez, je crois, pour vous faire apprécier l'immense parti à tirer des vapeurs ; c'est l'art d'obtenir sûrement par la faiblesse ce que la force ni l'autorité n'eussent peut-être jamais obtenu.

En tout cas, et c'est là ce que je tenais à vous démontrer, souvenez-vous, madame, qu'il n'est pas de vapeurs sérieuses sans chaise longue !

CHAPITRE IV

LA TOILETTE

Il ne s'est jamais rencontré de femme indifférente à la toilette. De la plus riche à la plus pauvre, de la plus belle à la plus disgraciée, de la plus jeune à la plus vieille, toutes, mais toutes, madame, entendez-vous, toutes, sans l'ombre d'une exception, tournent leurs pensées ravies vers cet idéal sans pareil : la toilette.

La toilette! Le mot seul renferme tout un monde. La toilette, ce n'est pas les vêtements, ce n'est pas le luxe des étoffes, le prix des bijoux, l'éclat des parures; ce n'est pas la multiplicité ni le changement continuel des atours; c'est quelque chose de plus haut et de plus abstrait, de plus général et de plus accessible qu'on pourrait préciser en définissant la toilette : l'art d'accorder chaque objet avec l'effet qu'il doit produire et de lui faire produire son maximum d'effet.

Vous voyez qu'il n'est pas question de fortunes fabuleuses, de couturiers exorbitants. L'argent ne fait rien à la chose ou plutôt ne sert qu'à son côté matériel. Mais ce goût exquis, ce tact délié qui, dans la cervelle de toute femme, préside à la toilette, se rencontre, à des degrés divers, aussi bien chez le trottin que chez la femme du banquier. Cela vous vient avec la vie et vous coule dans le sang jusqu'à votre dernier jour, inconsciemment peut-être, mais avec quelle persistance et quelle force !

Les temps, les lieux, les circonstances, rien n'y fait. Il en va ainsi depuis que le monde est monde et je ne suis pas sûr que la toilette ne trouvera point le moyen de lui survivre.

Tenez, pour appuyer mon dire, je vous veux mettre sous les yeux l'exemple de notre mère commune, Ève, la première qui s'aperçut des inconvénients de la nudité, la première qui eut ou à qui l'on imposa l'idée de couvrir son corps, l'inventeur de la toilette par conséquent.

Certes, son premier accoutrement ne faisait guère prévoir les merveilles de la rue de la Paix, mais encore un coup, c'est la permanence d'un état d'esprit que je veux démontrer, non la nécessité d'être millionnaire pour aimer à s'habiller.

Donc, voici Ève confuse, fort décontenancée d'être nue et dans l'obligation de se vêtir à bref délai.

Vous imaginez sans doute que, pressée par le temps et les menaces de l'Éternel, notre aïeule va s'emparer d'un bananier pour s'y tailler un jupon, se couper un corsage ample et discret dans une feuille de rhubarbe ou tout au moins s'improviser un peignoir en réunissant des feuilles de nénuphar et de catalpa qui sont larges, rondes et faciles à travailler.

Que c'est mal connaître la femme!

Elle se dit, dans le temps d'un éclair,

que tout cela sera massif, raide, disgracieux, que, sous prétexte de cacher des nudités, tout risque de disparaître, que si le rôle des vêtements est en effet de dissimuler, celui de la « toilette » est sinon de laisser voir, au moins de fournir des indications qui permettent de deviner. Aussi, sans hésiter, elle se tresse une *ceinture* en feuilles de figuier! Or, vous connaissez ce genre de feuilles, formées de grandes dents, profondément évidées, dans les intervalles desquelles nombre d'aperçus étaient encore possibles.

Adam ne s'en plaignit pas, car, une fois la pudeur imaginée, le contraire commençait à prendre du prix et la ceinture en figuier constituait bien une toilette au sens coquet du mot, puisqu'elle faisait valoir précisément ce qu'elle avait la prétention de masquer.

D'ailleurs, Adam, assez détaché jusque-là des attraits de sa femme, y trouva tout à coup des charmes inconnus et j'y vois la preuve que la toilette sert à quelque chose puisqu'en fin de compte, c'est peut-être à cette ceinture de figuier que nous devons indirectement le jour. Et notez que la poitrine n'était pas encore cataloguée parmi les objets honteux, indignes de la lumière : nous serions sans doute, aujourd'hui, trois fois plus nombreux dans le monde si Ève eût eu l'occasion d'affoler Adam par un décolleté canaille en feuilles de mimosa.

Passons. Il n'est plus discuté que toute femme aime la toilette et nul ne conteste que ce soit à bon droit.

Il est temps, malgré tout, de faire intervenir une mince restriction en déclarant que si ce goût est en effet universel, il n'est point toujours également judicieux. Et c'est là, sans parler de la beauté variable ou des fortunes inégales, qu'est le véritable terrain où se peut affirmer la supériorité d'une femme. Idolâtrer la toilette, s'attarder devant son miroir n'est rien s'il n'en résulte quelque heureuse trouvaille, quelque innovation qui s'impose.

De plus, il y a la mode qui est pour beaucoup un chemin tracé, d'où le respect humain, le manque d'invention ou la confiance en de plus avisées les empêchent de s'écarter.

Or, madame, souvenez-vous de ce que je vous ai dit des préjugés mondains dont la mode est peut-être le plus despotique et le plus conventionnel. Vous pouvez la railler, la maudire même, à la condition de lui obéir, au moins dans ses grandes lignes.

Ainsi, n'avoir pas, en ce moment, des manches bouffantes et aplatir vos coutures d'épaule, équivaudrait à une affectation ridicule, bonne tout au plus à faire croire que vous voulez économiser l'étoffe.

Mais, comme il ne faut pas que cette obéissance tourne à la soumission servile, courez en avant de la mode; inventez quelque arrangement ingénieux. Que diable, vous avez bien autant de génie créateur que les petites couturières qui promènent d'atelier en atelier leurs modèles en mousseline.

Et quelle gloire que d'attacher son nom à un détail de la toilette féminine! Gloire durable, madame, ne vous déplaise, dont vous auriez mille fois tort de faire fi. Combien de femme ne connaissent Rembrandt que comme parrain d'un grand chapeau! Tout le monde sait que Mme de Pompadour a baptisé les étoffes à fleurettes, tandis que l'on soupçonne à peine, l'existence de M. d'Étioles, son mari honoraire. Le mot Médicis évoque à la pensée une série de larges cols, bien avant les hauts faits de Laurent le Magnifique, et les bonnes grâces de Louis XIV eussent été impuissantes à sauver de l'oubli Mme de Fontange, sans le nœud de ruban qui nous en a gardé le nom.

Evertuez-vous donc à corriger et à pousser la mode, tout en lui empruntant ce qu'elle peut avoir de profitable pour vous.

Il est, en matière de mode, comme du reste en tout, deux camps bien tranchés. L'un, à peu près uniquement composé de jeunes gens, assure que jamais les femmes ne furent si gracieuses et si bien attifées. L'autre, celui des vieux, trouve tout excessif et ridicule, soutenant qu'en 1850, les femmes avaient autrement d'aisance pour porter la toilette.

Souriez à tous les deux, ne désobligez ni l'un ni l'autre. Dans ce but habillez-vous selon le goût du premier camp et faites chorus, en paroles, avec les récriminations du second; c'est, énoncé sous une autre forme, le principe que je vous rappelais tout à l'heure.

Si, maintenant, nous passons à un examen plus détaillé de la question, il vous semblera naturel d'envisager la toilette au triple point de vue de l'intérieur, de la ville et des réceptions ou, plus logiquement encore, du matin, du jour et du soir.

Au saut du lit, vers onze heures, — une femme supérieure doit se lever tard, la vie intelligente ayant toute son intensité la nuit — au saut du lit, dis-je, votre chemise de batiste très claire mais très montante tombe et vous passez au bain.

Puis, une fois frictionnée par votre femme de chambre, vous endossez une chemise de jour également très fine, mais très ouverte cette fois et bordée de dentelles. A ce premier vêtement, s'ajoute une légère matinée, recouverte elle-même d'un épais et long peignoir de laine. Les pieds dans vos mules, installée dans un fauteuil en face de votre miroir, vous allez être coiffée.

C'est là l'une des plus graves opérations de la journée dont vous ne chargerez qu'un professionnel ou une caméristе très experte.

Vous comprendrez en effet l'importance inhérente au choix et à l'exécution d'une coiffure si vous prenez la peine de remarquer que la chevelure est l'ornement naturel par excellence et aussi celui qui encadre directement le visage, qui peut le mettre en valeur ou le déprécier, d'où peut dépendre le succès d'un sourire, la portée d'une expression.

En ce moment, il n'y a pas, régissant la matière, de mode impérieuse, ce qui implique la nécessité de se fonder, pour choisir, sur des considérations esthétiques supérieures à la vogue du moment.

Sans doute, vous allez me citer la coiffure ondulée à la grecque, avec l'obligatoire blond vénitien. De grâce, madame, n'insistez pas. La teinture est indigne de vous et cette façon de s'accommoder est si répandue dans le demi-monde que je croirais manquer au respect que je vous dois en essayant seulement de vous en écarter.

Les cheveux dans le dos, à l'Ophélie, donnent l'air bébête ; la torsade en casque, rappelle trop Nana et la coiffure relevée, à la chinoise ou même à la Lamballe, manque de caractère.

Ce qui fera merveille, dans votre cas, c'est la coiffure à grands bandeaux, dits *à la vierge*, avec le petit chignon sur le haut de la tête, afin de la distinguer des vieilleries datant de Louis-Philippe. Que les bandeaux soient un peu bouffants et ondulés, je ne m'y oppose pas, mais qu'ils soient étoffés et relevés par une belle courbe, voilà l'essentiel.

Vous devinez bien qu'ici encore c'est la fureur du préraphaélite qui nous guide. Et même, si vous consentiez à entrer tout de bon dans votre personnage de femme supérieure, il serait opportun que votre teint arrivât, de pâleur en pâleur, à cet indescriptible ton olivâtre, où les jaunes indistincts se fondent dans d'insaisissables verts et qui est comme le sceau de la morbidesse intellectuelle. Mais contentez-vous des bandeaux sans vous astreindre à effeuiller les roses de vos joues que vous serez bien aise de retrouver, le jour où le goût des jolies choses saines sera revenu.

Au surplus, les bandeaux suffisent pour conférer un aspect troublant et vous savez qu'une femme déclarée troublante a le droit de ne plus mettre de bornes à ses ambitions.

Qu'est-ce au juste qu'une femme troublante? Mon Dieu, c'est une femme qui porte des bandeaux et qui donne à dîner. Tous les pions maladifs et les pique-assiette artistiques qui se presseront à votre suite, si vous remplissez seulement ces deux conditions, vous prouveront que mon cercle n'est pas si vicieux qu'il en a l'air et qu'une femme supérieure n'est pas, le plus souvent, ce qu'un vain peuple pense.

Mais revenons à nos moutons.

Vous êtes coiffée, pomponnée, poudrée, c'est l'instant de la robe de chambre, de cette robe que revendique la chaise longue et sous laquelle s'abriteront vos vapeurs et vos lassitudes.

Gardez-vous des oripeaux, des crépons vert d'eau, des satins aurore, des rubans, des fouillis de dentelle qui tombent flasques, s'effondrent en plis mesquins et battent les talons.

Le mieux est un velours cossu d'une couleur noble, soit bleu de roi qui est la teinte de votre chambre, soit jaune capucine qui en est la complémentaire. Encore une fois, pas de fanfreluches, mais une longue queue destinée à faire sur le sol une traîne chatoyante et, sur la chaise longue, un éventail princier.

Que cette robe, du col aux pieds, tombe droite, à peine ajustée, simplement fermée par des brandebourgs et flanquée de manches énormes serrées à partir du coude, jusqu'au poignet.

Alors, quand, installée sur l'éternelle chaise longue, vous jugerez de l'effet d'un accoutrement à la simplicité si somptueuse, vous comprendrez que la robe à elle seule impose et que l'interlocuteur soit subjugué avant même que votre bouche se soit ouverte.

Car les étoffes ont leur éloquence et leurs facultés propres.

Le foulard, les soies de Chine, c'est le sans-gêne, le laisser-aller, l'inertie; cela s'affale, cela se déchire, cela se viole avec la dernière aisance et il semble qu'un vêtement ainsi composé invite au manque de respect et à la familiarité malséante.

Dans le taffetas et le satin luisant, se distinguent l'orgueil de paraître, le désir d'étonner à peu de frais. Il n'est pas jusqu'au bruit de l'étoffe qui ne semble, à tout propos, réclamer l'attention. Ce sont des tissus accapareurs qui importunent et dont on est vite las.

Au contraire, du damas opaque, de la faille rigide, du velours épais se dégagent des sensations hautes, des pensées graves et imposantes qui remplissent l'âme de leur grandeur. Il est bien rare qu'on insulte une femme en robe de velours. Avec le foulard ou le taffetas, je ne réponds de rien !...

Mais le temps a marché, vous allez sortir pour les visites.

Laissez-moi, puisque nous voici venus à la toilette de ville, vous prémunir contre une tendance désastreuse à laquelle, peut-être, les circonstances vous porteraient à vous abandonner.

C'est la tendance au genre *artiste* que je veux dire.

Ce genre vous le connaissez comme moi : il est aussi classique que peu varié, car il consiste, à peu près uniformément, à s'affubler de chapeaux monstrueux et de vêtements rouges.

Pourquoi pas vert-chou, évêque ou jonquille, si c'est le voyant qu'on cherche? Je l'ignore et n'essaie pas de pénétrer le mystère. Je constate seulement que le rouge est la couleur *artiste*.

Malheureusement, la plupart de celles qui promènent ainsi leur silhouette incendiaire, non contentes d'arborer avec indépendance une couleur peu goûtée par le commun, se sont avisées que le corset, les agrafes, les gants étaient préjugés de crasses bourgeois De là, des tailles à peine équarries, des poitrines ballottantes, des mains noires et des corsages entre-bâillés sur des dessous où l'ombre ne met pas seule du gris.

Cela peut faire le compte d'une femme qui n'est qu'artiste (?) mais non celui d une femme du monde comme vous.

Laissez aux grisettes d'atelier les guenilles éclatantes ou exotiques, les dessous douteux et les panaches exorbitants.

En dehors du linge quotidiennement renouvelé, du corset de la bonne faiseuse, des escarpins vernis, des gants blancs portés une fois, des corsages sobres, habilement ajustés, des chapeaux sérieux et des robes toujours fraîches, il n'y a point pour vous de salut.

En d'autres termes soyez d'une élégance raffinée mais ennemie du tapage et que le passant vous prenne pour la première venue s'il n'est connaisseur ami de l'observation.

D'ailleurs, les journaux de mode et vos amies vous offriront assez de modèles pour qu'avec ces quelques généralités vous ayez en permanence la tenue irréprochable qui est la pierre angulaire de toute supériorité.

Rendez-vous compte aussi que je ne saurais passer en revue, objet par objet, votre garde-robe. Outre qu'il la faut modifier souvent, l'inventaire en serait si long que l'ennui nous gagnerait l'un et l'autre à cause de sa sécheresse et de son inutilité.

Il faut cependant que je vous fasse encore, relativement à la toilette du soir, un petit nombre de recommandations capitales.

Cette dernière toilette a pour but, n'est-il pas vrai, de montrer un peu plus de vous qu'on n'en voit le reste de la journée. Il est donc facile d'en déduire qu'une telle exhibition doit être raisonnée.

Si vous avez le cou de proportions agréables, montrez-le ; si vos épaules sont d'une courbe heureuse et constellées de fossettes, montrez de confiance ; si vos bras sont blancs, potelés et lisses, montrez encore ; si votre gorge est ferme et ronde, montrez toujours ; si votre... au fait, je crois qu'il serait prudent de s'en tenir à ce que j'ai dit.

A ce propos, je vous renvoie bien vite au début de ce chapitre pour vous rappeler qu'en matière de toilette, « montrer » ne signifie pas tout à fait mettre insolemment en lumière et offrir en spectacle, à la ronde, un objet sans le moindre voile. J'en prendrai tout naturellement prétexte pour vous décrire ce que je crois être la meilleure façon de se décolleter.

Je déclare d'abord, en toute impartialité, que les femmes d'aujourd'hui ont, sous ce rapport, le goût bien moins sûr, bien moins aiguisé que leurs mères, et cela par le souci constant qu'elles affichent de se produire aussi nues que possible.

Vous savez ce que nos jeunes filles appellent la « grande peau ». C'est le décolletage extrême pour les bals de cérémonie, qui s'obtient au moyen d'un corsage échancré dans le dos, presque jusqu'à la taille, ouvert devant à peu près dans les mêmes conditions, de manière à éviter tout au plus que le bout des seins n'apparaisse et maintenu sur l'épaule par un étroit ruban.

Un tel calcul est d'une niaiserie insigne.

Le modèle qui pose le nu entier ne produit absolument aucune impression, sans quoi les peintres seraient ataxiques avant trente-cinq ans.

Ce qui fait le charme d'un nu, c'est précisément qu'il soit limité, c'est la conviction où se trouve le spectateur que le peu qu'il voit suppose des merveilles toutes voisines, si adorables, si excitantes, qu'on n'ose les présenter à ses yeux éblouis. Jamais l'attrait d'une gorge cyniquement exhibée ne vaudra l'idéal qu'on se forge avec celle dont on ne perçoit que la naissance.

Un torse nu n'a pour lui que sa propre valeur qui doit être inestimable pour maintenir l'admiration, tandis que le buste dont quelques parties seulement, et bien choisies, sont livrées aux indiscrets a, en plus, l'imagination généreuse du désir auquel on oppose une barrière.

Tout cela n'est pas niable et les « grandes peaux » actuelles ne sont que de malpropres déshabillages, d'autant plus condamnables qu'ils sont plus maladroits.

Adoptez donc, cette fois, la mode de jadis et le décolletage à la Vierge, comme vos bandeaux.

Outre que cette association forme une harmonie de style, on doit reconnaître que la courbe de ce décolletage qui passe comme une caresse le long de la poitrine et des reliefs grassouillets du dos, dessine à ravir toutes les éminences qu'elle longe. A peine distingue-t-on l'origine de la gorge, et pourtant, on la devine, on la sent blottie, craintive, palpitante; on sait qu'elle est là. Les premiers contreforts de la rose colline, visibles à l'œil, sont prolongés par la pensée qui dessine, à sa fantaisie, des sommets triomphants. Or, qui vous dit que la réalité atteindrait à ces altitudes de rêve?

Et savez-vous rien de plus joli que ces coins d'épaule entièrement dégagés, émergeant de la vaporeuse berthe de dentelle? Dans ces deux mamelons satinés, pareils à des seins où n'auraient pas encore germé les boutons d'incarnat, il y a le plus perfide et le plus excitant des nus. Pourquoi? Parce qu'immédiatement au-dessous, une manche s'interpose; non pas, vous entendez bien, un ruban, une bretelle, mais une manche qui s'en vient presque jusqu'au coude. L'avant-bras, ce cône allongé, à la forme changeante qui est peut-être le chef-d'œuvre de la femme, ressort à son tour de cette manche où se dissimulent prudemment les parties épaisses et ballottantes du haut.

Vous imaginez-vous que les femmes du temps de Louis XV dont le costume avait des sous-entendus si joyeusement égrillards aient jamais eu l'idée de supprimer leurs manches et d'échancrer démesurément leurs corsages? En aucune façon. Elles savaient trop bien la valeur d'une réticence pour n'en pas mettre à leurs atours. Et leur conduite en cela n'avait pas, selon toute apparence, pour mobile, une recrudescence de chasteté.

D'ailleurs une mode heureuse tend à imposer maintenant la manche ballon soulignant, comme je viens de dire, l'épaule et l'avant-bras. Une telle manche en velours bleu de roi ou même noir, vous fera des chairs incomparables et donnera à vos formes une étonnante souplesse de contour. Mais où cette même mode devient inepte, c'est lorsqu'elle maintient la pointe en avant, ouverte jusqu'à l'estomac. Encore une fois, et pour me résumer, le décolletage est comme l'héritier d'un oncle bien portant, il doit vivre d'espérances...

Voilà, madame, dans ses grands traits, le cadre que j'ai rêvé pour vous. Il vous appartiendra d'en parfaire la ciselure. C'est à vous maintenant que je vais avoir la présomption de m'attaquer en examinant quelle conduite il convient que vous y teniez.

Autrement dit, le théâtre est construit; je frappe les trois coups traditionnels et la pièce commence...

L'INTÉRIEUR

CHAPITRE PREMIER

LE MARI

L'être qui, dans cette tragi-comédie de l'existence où vous ambitionnez un premier rôle, vous touche de plus près, celui à qui vos destinées sont indissolublement liées, que cela vous plaise ou non, c'est votre mari. Cet être sera donc aussi le premier sur qui votre domination devra s'établir; il sera la meule toujours prête où s'aiguisera votre ambition, la tête de Turc où se mesurera votre vigueur ascensionnelle.

J'ignore quel il est, mais je vais, comme pour vous, établir pour lui un « type » idéal dont il vous appartiendra de le rapprocher, si votre mauvaise chance l'a fait trop différent. La chose est d'importance, prenez-y garde, par la bonne raison que la loi naturelle fait de votre mari votre supérieur et qu'il s'agit d'obtenir un état tout opposé.

Il ne doit être ni laid, ni sot, ni ridicule parce qu'une supériorité trop facile est indigne de vous et que votre mari m'apparaît plutôt comme un collaborateur soumis que comme un repoussoir. S'il exagérait l'insignifiance, il se trouverait des gens pour vous plaindre. Or une victime ne domine jamais et personne ne vous rendrait hommage, car il n'est pas dans l'humanité d'admirer tout à la fois et de compatir.

Et puis les niais sont vaniteux. Ils ont des accès d'arrogance souvent fort pénibles à subir et impossibles à éviter. Beaucoup poussent le despotisme jusqu'à exiger qu'on les encense et à traduire leurs volontés avec la plus désobligeante brusquerie.

Bien des gens s'imaginent que les hommes nés sont inaccessibles à ces sortes d'excès.

Voilà une belle erreur! D'abord un homme est bien élevé beaucoup plutôt par le caractère que par la naissance ou l'éducation. La famille et le milieu peuvent enseigner certains préceptes du savoir-vivre, les détails minutieux du protocole mondain, mais n'ont pas la prétention d'étouffer la jalousie, la bassesse, la violence ou l'hypocrisie d'un caractère.

Il y a des hommes copieusement titrés qui sont des rustres et des goujats, quand des fils de chiffonniers ont les mœurs les plus douces et le commerce le plus agréable.

On devient gentilhomme mais on naît homme aimable.

C'est parmi ces derniers que se catalogue votre mari.

Pourtant, de ce que j'en esquisse l'éloge, il ne résulte pas que je le souhaite beau, brillant et instruit, car il détournerait alors les attentions qui ne doivent aller qu'à vous et la difficulté de la lutte se trouverait accrue d'autant.

Il vous faut un mari moyen, un de ces hommes sans âge à qui l'on pardonne quelques cheveux gris en faveur d'un visage bien conservé. Empêchez-le de bedonner : on n'est jamais « distingué » quand on est gros, mais on le devient aisément lorsqu'on est chauve. La calvitie bien portée est comme un brevet d'esprit, de pensée profonde et de travail acharné. Si Napoléon n'était pas chauve, M. de Morny l'était : vous voyez que chaque état peut se défendre.

Votre mari doit avoir une tenue parfaite, marcher avec noblesse, ne hasarder que des gestes onctueux, sourire avec réserve et sans éclat, s'intéresser à tout, marquer à chacun une bienveillance discrète et n'être pris au dépourvu par personne.

La lecture des revues sérieuses et la fréquentation de certains cercles l'amèneront à cet idéal.

J'ai nommé le cercle : qu'il y soit assidu, pour une foule de raisons dont les plus concluantes sont qu'il s'y fait des relations, qu'il en retire un vernis d'élégance impossible à trouver ailleurs et qu'enfin lorsqu'il y séjourne, vous êtes en repos.

En dépit de la dignité de ses goûts, il ne faut pas qu'il manifeste trop d'empressement pour les jouissances relevées de l'esprit. De telles conceptions demeurent votre domaine et s'il est bon de lui laisser prendre une teinture de tout, il importe de le maintenir dans le culte de l'opérette, du vaudeville et de la gaudriole qui le classe à plusieurs échelons au-dessous de vous.

Qu'il ait pour vous une passion notoire, forcenée, exclusive, pour cette raison que si vous n'arrivez point à le subjuguer, lui, le plus exposé à vos séductions, votre prestige en souffrira. De plus, cette particularité étant connue échauffera l'émulation de vos autres admirateurs. Des intrigues se noueront, des histoires seront chuchotées, des calomnies répandues jusqu'à ce qu'un bel éclat provoqué par vous, au moment opportun, envoie votre mari sur le terrain pour vous défendre.

Un homme qui se bat pour sa femme légitime en conscience, en toute ardeur! Un duel dont vous êtes l'héroïne sans en être salie! Quel titre éblouissant de gloire à faire pâmer d'envie les bonnes intimes dont les maris ne se battent qu'au bouchon de champagne, avec la moquette rapée d'un restaurant de nuit pour terrain, des filles pour adversaires et pour témoins des garçons de salle.

S'il est blessé, vous ne quittez point son chevet, vous préparez la charpie et les compresses, vous lui faites un oreiller de votre bras, vous composez à son adresse vos plus célestes sourires... S'il est tué?... Alors ce serait trop. Il est des exagérations qui nuisent aux meilleures causes, et qu'il faut s'appliquer à éviter. Mais cette funèbre éventualité est si peu vraisemblable!

Je voudrais que votre mari fût décoré ou à la veille de l'être : il suffit que ses titres soient en circulation; tout le monde en a; il en possède donc comme les autres. A vous de les rendre assez visibles pour leur donner la sanction écarlate.

C'est vous dire que je parle ici de la Légion d'honneur. Pourtant les rosettes exotiques, bien qu'évidemment inférieures, peuvent avoir leur prix à la condition de représenter un mélange. Un seul ordre étranger ne signifie rien; mais deux ordres, trois ordres, une brochette d'ordres! Dix croix en miniature pendues à de petits rubans polychromes qu'une agrafe d'or fixe à l'habit, ce n'est point aussi sot que les jaloux se plaisent à le dire.

Tout d'ailleurs est affaire de dosage : la cravate de commandeur qui coupe la chemise de sa balafre éclatante a plus de portée que la menue pendeloque du chevalier. Quant au grand cordon!... Je m'arrête, de telles hauteurs donnent le vertige !

Retenez seulement de tout cela qu'il est flatteur d'entrer dans un salon, au bras d'un homme bariolé de bijoux honorifiques. Son passage fait tourner la tête dans un mouvement de curiosité dont vous bénéficiez et ce n'est qu'après, de loin, qu'on s'avise de blaguer son mérite.

En tout cas, chamarré ou non, il est essentiel que votre mari ait ce qu'on appelle de « l'influence ».

Préciser le sens de l'expression n'est pas des plus faciles et son élasticité vague en rend la définition délicate. On peut dire cependant qu'avoir de l'influence c'est recevoir personnellement, en tout bien tout honneur, des visites féminines, c'est obtenir des places dans les solennités très fermées, c'est ne faire nulle part antichambre, c'est être obligé de dire à un ami rencontré dans la rue : « Couvrez-vous donc, je vous en prie. » Que sais-je encore ?

Enfin quand un homme a de l'influence, on le devine, on le comprend, sans que personne soit en état de spécifier ni pourquoi ni comment.

Faire de l'élevage dans une campagne reculée, avoir une ferme modèle dans la Limagne, inventer des instruments agricoles et chercher des engrais intensifs, sont des faits de nature à procurer une « influence » solide et salutaire, d'autant moins propre à vous porter ombrage qu'elle est rurale et s'exerce à distance.

Elle fournit à votre mari l'occasion d'écrire des ouvrages techniques, avec figures dans le texte, qui attireront l'attention des sommités compétentes et lui vaudront tout au moins le Mérite agricole dont le ruban, dans une brochette, rappelle l'Osmanieh.

Cela provoque aussi l'admission dans une foule de comités bien pensants et de congrès cossus, où des vieillards nobles et désœuvrés s'occupent tout de bon de la prospérité de nos campagnes.

Enfin, à force de parlottes, de séances écoulées dans d'excellents fauteuils et de rapports lumineux sur la crise qui dure depuis Pharamond et n'est pas près de finir, la circonscription enthousiasmée proposera peut-être un mandat législatif... C'est à voir.

Tel est le rôle que je rêve de voir jouer à votre mari et non seulement, ainsi que je vous le disais, sa situation, si brillante qu'elle devienne, ne saurait vous éclipser mais encore, on vous en attribuera tout l'éclat si vous savez donner à propos, d'habiles coups d'épaule. Etre une Égérie n'est pas de la première venue, à la condition surtout de ne vous occuper qu'en vous jouant et par condescendance, des guanos, des batteuses perfectionnées et autres objets subalternes.

Et puis, dans le milieu supra intellectuel dont vous allez être le centre, ces sortes de préoccupations feront à votre mari un renom de bonhomie un peu terre à terre, d'activité sans prétention qui le maintiendront à sa place, sans pourtant l'affubler de ridicule, ce qui serait désastreux pour vous.

Mais ces considérations ne sont, en quelque sorte, qu'un programme pour la vie publique de votre époux.

Il y a la vie privée dont, certes, l'importance n'est pas moindre et qu'il est urgent de réglementer à son tour.

Je crois infiniment profitable de laisser à votre mari l'apparence de l'autorité.

Consultez-le sans cesse, pour les détails les plus minimes; admirez les avis qu'il émet; célébrez sa clairvoyance; rendez justice à son goût; donnez-lui l'assurance que vous n'avez d'opinion que d'après la sienne et que vous seriez on ne peut plus malheureuse d'être livrée à vous-même. Après cela, faites à votre guise : il trouvera tout charmant et se félicitera d'avoir une femme si judicieuse et si dévouée.

En public, témoignez-lui les plus grands égards. Affectez de lui demander parfois : « Qu'avez-vous décidé, mon ami? » ou bien : « Je voudrais savoir ce que vous pensez de cela », ou encore glissez dans la conversation, de façon à être entendue de lui : « comme dit mon mari... c'est le sentiment de mon mari... il faudra que je demande conseil à mon mari... », etc. Vous le verrez pénétré de son importance, prêt à céder à tout, d'autant plus esclave qu'il se croira plus puissant.

Les étrangers vous sauront gré de cette manœuvre et compareront votre dépendance apparente avec la grande valeur intellectuelle dont vous ferez d'autre part étalage.

« Quel ménage uni ! dira-t-on ; et quel cœur, quels sentiments élevés, possède cette femme, sous son vernis éblouissant ! Elle a un mari qui lui est visiblement inférieur et cependant elle rapporte tout à lui, avec un naturel délicieux... »

Votre douceur doit être angélique, votre patience inlassable. Si dans le particulier, la fantaisie lui prend de vous entretenir de ses entreprises et de ses inventions, subissez jusqu'au plus futile détail, sans la moindre humeur et même avec l'apparence du plus grand intérêt. Un tiers se trouve-t-il présent, émettez des opinions, soutenez, au besoin, d'aimables controverses et si, en dépit de votre bon vouloir, la conversation tourne au fastidieux et à l'interminable, utilisez le grand secours : la chaise longue, avec les migraines, les spasmes et les vapeurs qu'elle comporte.

Mais quoi qu'il arrive, gardez-vous des scènes et de la violence comme du feu. Une femme en colère est vaincue d'avance et s'expose, par surcroît, à ces réconciliations pathétiques dont l'abandon et la bouffonnerie ont fait la fortune de cent vaudevilles. Et croyez bien que l'on en sort toujours diminuée : ce sont des victoires à la Pyrrhus plus meurtrières que des défaites.

Le meilleur, en toutes choses, serait d'arriver à ce que votre mari voulût, avant vous ce que vous désirez vous-même, afin de vous donner, le plus souvent possible, l'occasion d'une obéissance flatteuse pour lui et la solidité de son pouvoir.

C'est le superlatif de la stratégie conjugale, mais il est bien malaisé d'indiquer, pour cette opération, une marche à suivre quelconque ; les circonstances et l'à-propos sont les plus sûrs conseillers.

Il serait bon que vous eussiez le mérite de l'administration intérieure. Ce point n'est pas à mépriser, car l'on considère, à bon droit, comme une femme idéale celle qui, aux grâces de la vie de salon, sait allier les solides vertus domestiques. Il n'est pas donné à toute femme du monde d'être une bonne ménagère : réunissez les deux titres et vous serez complète.

Mais, je le proclame bien vite, mon intention n'est pas de vous imposer les tracas vulgaires et ravalants que suppose un tel ministère. A vous les apparences glorieuses ; à votre mari, mieux préparé, les récriminations et les ennuis.

Je m'explique. L'ensemble des ordres

généraux émanera de vous. Les menus des repas, apportés chaque jour à votre appartement, ne deviendront exécutoires qu'avec votre approbation. Vous commanderez ostensiblement aux domestiques des besognes urgentes ou imaginaires; vous reprendrez, du haut de votre chaise longue, leurs manquements et leurs étourderies; vous profiterez de la présence du premier visiteur venu pour donner, en vous excusant, quelque instruction oubliée à dessein et vous vous plaindrez ensuite, au cours de la conversation, des fatigues inhérentes à la fonction d'une maîtresse de maison qui prend sa tâche au sérieux. Cette confidence formulée d'un air las, agrémentée de quelques doléances touchant l'insubordination et l'avidité de la valetaille produira le plus grand effet sur votre interlocuteur émerveillé.

Vous n'êtes pas tenue à autre chose.

Quant à ce qui est de contrôler l'exécution des ordres donnés, de clarifier les comptes de la cuisine et de surveiller les clés des armoires, votre mari à qui l'exploitation de ses fermes a donné des facultés administratives, s'en chargera très volontiers.

Il assumera de même toutes les obligations qu'on n'avoue pas dans le monde, celles par exemple, de discuter la note du tapissier et en général d'affronter les fournisseurs, de compter les bougies, les bouteilles et les livres de sucre ou de café.

Son intervention, sous peine d'être grotesque, restera mystérieuse, et la vôtre, toute représentative, vous vaudra les plus grands éloges, sans que, pour cela, vous ayez eu seulement la peine de quitter votre fauteuil...

J'ai gardé pour la fin, tant j'hésite à m'aventurer dans un tel sujet, l'examen de ce qui, conjugalement parlant, constitue par excellence l'intimité.

Faut-il mettre les points sur les i? Non, sans doute, car votre esprit alerte s'est chargé déjà de la ponctuation.

Quoi qu'il en soit et si naturels que

l'on trouve mes scrupules, la chose est de trop de conséquence pour que je m'en taise. A vous, madame, de pénétrer mes périphrases obligatoires et de considérer, pour la justification de mon obscurité possible, que je n'ai pas à ma disposition l'intrépide et toujours honnête latin.

Il a été dit, si j'ai bonne mémoire, que votre mari est follement amoureux de vous. A coup sûr, un tel sentiment si honorable pour tous deux, trouve à se traduire de bien des façons : par des attentions délicates, par des cadeaux, par des paroles tendres, par ces mille riens qui révèlent, sans équivoque, à l'intéressée, la flamme dont on brûle pour elle. Mais enfin, si multipliées que soient ces manifestations, si passionné que soit le tour qu'elles affectent, elles ne peuvent remplacer le témoignage définitif qui donne à l'amour force de loi et constitue une déclaration sans réplique.

Ah ! si vous éprouviez pour votre mari cette ardeur qu'il ressent à votre endroit, ma besogne serait bien simplifiée. Je vous dirais : « Madame, ce ne sont point là mes affaires » Après quoi, ayant tiré discrètement les rideaux de l'alcove, je fuirais, à pas rapides, ce spectacle si amer au célibat.

Mais, pour mon malheur, il n'en va point ainsi. Votre âme, remplie d'objets plus éthérés, souffre des libertés prises sur votre corps. Vos regards se voilent d'horreur quand ce mari, les yeux humides, les lèvres sèches, le souffle pressé, le geste tremblant, laisse entrevoir des dispositions trop agressives.

Une nausée vous monte, à ces invites bestiales qui d'un autre, peut-être, changeraient vite de nom ; des envies de crier vous prennent ; vous êtes envahie par un irrésistible besoin de lutte et de délivrance ; l'impérieuse supplication de cet homme changé en bête vous comble de dégoût ! Vous allez risquer une révolte !... Vous allez éconduire l'insolent !... Vous allez faire une sottise !...

Une sottise énorme, madame ; une sottise incalculable !

D'abord, cet égaré qui sollicite un assouvissement est votre mari, c'est-à-dire un être qui pourrait exiger vos faveurs, aidé par quatre gendarmes. Il a pour lui toute la kyrielle des lois divines, morales et humaines et, par-dessus tout, il est amoureux ce qui est bien autrement grave.

Un appel à la violence vous mettrait donc dans votre tort et vous créerait la situation la plus ridiculement fausse qu'il soit possible d'imaginer.

Mais rassurez-vous. Ce n'est pas le code à la main, que les maris ont coutume de perpétrer de semblables tentatives et l'on n'a pas d'exemple d'une intervention légale, au moins sur le moment.

Se livrer, je l'accorde, est parfois désagréable ; c'est malpropre, repoussant, immonde, j'en conviens ; pourtant il est des sacrifices nécessaires : votre état de femme vous oblige à quelques concessions. Et les enfants ? Où les prendrez-vous ? Oh ! Je sais bien, vous avez pour l'accroissement et la multiplication des recettes extra-conjugales d'une efficacité certaine. Encore faut-il que votre mari ait lieu de s'attribuer dans chaque entreprise féconde une part de fondateur.

Vous voyez qu'à tout prendre, le délai de rigueur est de plus de neuf mois et que l'indispensable périodicité de votre holocauste, même réduit à son minimum, rachète sa cruauté par la longueur de l'intervalle.

Seulement, il est à redouter qu'une expression quasi-annuelle ne suffise point à l'éloquence de votre mari · car ils se sont lourdement trompés ceux qui ont prétendu que l'amour n'a jamais connu de loi.

Il en connaît au moins une, celle-là même dont la sanction vous menace sans cesse et vous effraye si fort.

En tout cas, vos alarmes me semblent un peu bien excessives et la conjoncture, pour horrible qu'elle soit, n'est point sans adoucissements.

Souvenez-vous de la tactique adoptée par les Espagnols durant la campagne de 1808. On les vit user la furie de l'armée française par de continuelles escarmouches et refuser avec persistance toute bataille rangée. Cela leur réussit à merveille et ils redevinrent maîtres chez eux.

Ne pourriez-vous, à leur exemple, esquiver les grands engagements et fatiguer l'adversaire par de savantes et perfides guerillas ?

Il existe une série d'inoffensives privautés que vous vous résignerez à permettre et qui, intelligemment prolongées, aboutissent parfois à la retraite de l'assaillant, bien qu'on leur suppose volontiers un effet tout opposé.

Par contre, dans le cas où vous seriez à l'échéance, payez de bonne grâce et sans balancer, vous serez plus tôt quitte.

En résumé, tout cela revient à dire que vous ne devez, sous aucun prétexte, opposer aux instances caractéristiques de votre époux un refus d'où résulterait pour lui la plus cuisante des humiliations et la plus difficile à pardonner.

Votre répugnance à lui céder au moins quelques bagatelles aurait encore l'inconvénient de l'écarter physiquement de vous. Or n'oubliez pas qu'un amour sans attrait physique est frère de l'indifférence et cousin germain de l'abandon.

Qu'adviendrait-il alors, je vous le demande, de votre supériorité, si l'on rencontrait votre mari, celui qui passe pour votre fidèle admirateur, avec des fêtards et des gourgandines!

Quoi qu'il en soit, j'ai eu déjà l'occasion de vous le dire, vous devez à tout prix faire chambre à part, afin d'éviter ces dominations réciproques, ces endosmoses de tendresse et d'autorité qu'amènent inévitablement des oreillers contigus, sans compter qu'une femme déshabillée est comme une ville sans remparts, infiniment aisée à prendre.

Là encore les vapeurs pourront intervenir. Alléguez que les ronflements de votre époux ne vous laissent point une seconde de tranquille sommeil, mettez en avant votre santé, déjà si chancelante, et mettez-le doucement à la porte.

Il n'est pas, du reste, absolument certain qu'il s'en plaindra, lui aussi pouvant en être réduit à l'obligation de choisir son moment ?...

CHAPITRE II

LES ENFANTS

Puisque vous les avez faits, en définitive, ces enfants, il convient au moins d'en retirer le plus d'honneur possible.

Ils peuvent représenter un excellent tremplin en contribuant, autant et plus qu'autre chose, à vous créer une réputation de femme supérieure, à qui rien de ce qui regarde l'éducation ne demeure étranger.

J'en prends un tout petit, à son premier vagissement qui servira de guide pour tous les autres, si votre imprévoyance vous procure à plusieurs reprises, le désagrément d'être mère.

N'hésitez pas, en dépit du médecin qui vous trouve délicate, à nourrir vous-même le nouveau venu.

A ceux qui vous objecteront qu'une

femme du monde ne se livre guère, en général, à cette fantaisie populaire, répondez que vous ne voulez pas être mère à demi, qu'il vous répugnerait de voir votre enfant se repaître d'un lait mercenaire, qu'enfin la jeune femme du tsar Nicolas II ayant tout récemment donné l'exemple, en nourrissant la petite grande-duchesse Olga, un tel précédent vous dispense de justification.

Il est en effet d'une entière évidence que la gracieuse souveraine de toutes les Russies n'a point pris cette détermination pour économiser les gages d'une nourrice. Or c'est en réalité ce soupçon que les femmes un peu huppées redoutent le plus. Votre à-propos saura vous l'épargner et ne vous laisser que la gloire d'être une mère modèle, en imitant une impératrice.

Mais, il en va de cela comme de tout. Ne vous embarrassez pas d'une persévérance trop gênante. Une fois le bon effet obtenu et la légende en circulation, au bout d'un mois, je suppose, déclarez-vous épuisée, hors d'état de satisfaire à l'insatiable voracité du poupon et livrez-le à quelque grosse Morvandelle dont la poitrine enfermera des menus plus copieux que ceux de la vôtre.

Ce dénouement ne vous privera pas des bénéfices de votre résolution première; il établira de plus que vous avez poussé le dévouement jusqu'à la limite de vos forces et il vous rendra une liberté coïncidant, comme par miracle, avec votre complet rétablissement.

Sortez avec votre enfant; ne craignez pas de vous montrer en sa compagnie; à l'occasion, donnez-lui publiquement quelques-uns de ces soins rebutants qu'on préfère le plus souvent abandonner à d'autres. L'opposition de ces maternelles trivialités avec le raffinement suprême qu'on vous connaît sera d'un effet saisissant. De temps à autre, refusez un bal, contremandez un dîner, manquez à une conférence, sous prétexte que bébé perce une dent et réclame toute votre sollicitude.

On est tellement accoutumé, par le temps qui court, à s'en remettre aux gens de service pour ce qui concerne la surveillance des enfants, que votre attitude étonnera d'abord. Peut-être on en rira sous cape et l'on fera des gorges chaudes sur vos théories de petite bourgeoise.

N'en ayez cure. Il est d'une grande âme de dédaigner la moquerie et d'une femme supérieure de paraître une mère dévouée.

Souvenez-vous aussi qu'on n'est jamais ridicule par l'outrance d'un sentiment naturel. L'amour maternel que vous affectez de pousser au comble, occupant parmi ceux-ci le premier rang, les fauteurs de sourires en seront invariablement pour leurs frais.

Mais le chérubin grandit. D'autres facultés que l'appétit viennent de lui naître; il faut s'inquiéter de son éducation.

Beaucoup de femmes supérieures s'astreignent à instruire elles-mêmes leurs enfants. Deux heures de cours quotidien, voilà la règle et c'est le minimum.

Je craindrais en vous conseillant de les imiter de tendre une embûche à votre savoir personnel et de vous exposer à des défaillances compromettantes, en ce qu'une erreur, un vide, un lapsus dans votre enseignement ruinerait votre prestige au près du petit monde.

Or si vous devez planer au-dessus de votre mari, à plus forte raison devez-vous rester dans le nuage, hors des atteintes de la marmaille. Je redoute en conséquence les lacunes de votre propre instruction et je vous invite franchement à prendre une institutrice. Oh! non pas une institutrice à demeure, une de ces filles d'officiers supérieurs sans fortune qui baragouinent de vagues idiomes et flairent, dans le moindre invité, un M. de Villemer *in partibus*.

Il vous faut fuir, comme la peste, ce genre de pensionnaire car toute institutrice est travaillée, plus âprement que vous encore, par la fièvre de la supériorité. Ce sont des rivales dangereuses auxquelles il ne convient pas de fournir les seules armes qui leur manquent : le bien-être et l'argent.

Et puis il me semble intolérable d'avoir sans cesse devant les yeux ces visages ni jeunes ni vieux, ni beaux ni laids, pleins d'une dignité pincée, dont l'expression arrogante a l'air d'établir un parallèle entre celle qui paie et celle qui reçoit, au plus grand profit de la dernière, comme vous pensez.

Dans le cas où une institutrice a vraiment de grandes qualités, une origine de belle volée, une figure agréable et une culture dépassant la moyenne, c'est encore plus inadmissible, car la maîtresse est placée dans la terrible alternative, ou de rabaisser peu généreusement une égale malheureuse ou de reconnaître cette égalité toujours grosse de périls, sans compter que la présence de l'institutrice permanente décèle votre désir de vous débarrasser de vos enfants, au moment même où votre intervention aura sa plus haute portée.

Cherchez donc une diplômée vivant chez elle et donnant des leçons en ville. Dieu sait si le nombre en est grand et le choix varié!

Elle viendra chez vous durant les deux heures sacramentelles et vous serez là, tout le temps, écoutant, regardant, surveillant.

Vous direz à la demoiselle qui dévide sa science à votre service : « Ne pensez-vous pas qu'il vaudrait mieux imprimer à vos élèves telle direction? Croyez-vous que leur esprit soit assez formé pour s'assimiler telle chose. »

Elle vous répondra oui ou non, selon qu'elle aura plus ou moins besoin de ses cachets et vous n'insisterez pas, car tout l'intérêt est dans vos questions, nullement dans les réponses.

La pauvre fille, en sortant, ira dans d'autres maisons où elle ne manquera pas de vous citer comme la mère la plus attentive et la plus judicieuse qui soit, et voilà votre réputation assise sur de bonnes bases.

Les devoirs, les leçons doivent subir votre contrôle. C'est l'affaire d'un instant, et l'on peut entendre réciter bien des pages tout en lisant un chapitre de roman.

Vous habillerez vos enfants avec une simplicité antique. L'affectation, dans ce sens, ne peut pas nuire, non plus que les dehors d'une sévérité excessive, le monde étant composé de gens qui ont horreur des enfants gâtés... chez les autres.

Tempérez cependant, parfois, la manifestations de votre autorité. Embrassez vos enfants en public, caressez leurs cheveux s'ils sont fins et soyeux, dites-leur doucement de ne point baisser les yeux s'ils sont beaux et bien fendus, puis, quand l'admiration du cercle discrètement sollicitée commencera de paraître, renvoyez-les, pour leurs devoirs ou pour toute autre cause.

On aime à vanter les enfants qu'on voit peu et l'on est sans pitié pour les mères qui leur laissent le temps de se familiariser.

Des apparitions, des révérences, des sourires timides, des monosyllabes en cas d'interrogations, rien de plus.

Faites savoir que vous les élevez à la dure, qu'ils s'habillent à la lumière et sans feu, en plein mois de décembre, qu'ils se couchent à huit heures, que leur temps est inflexiblement réglé, sans qu'aucun prétexte puisse faire enfreindre ces règles.

C'est, direz-vous, le seul moyen de leur donner la notion vraie du devoir, l'amour du travail et le goût de la vertu.

Sans vous engager à copier Henri IV qui se mettait à quatre pattes et promenait, sur son dos, le futur Louis XIII, je vous conseillerai, cependant, de présider, de temps en temps, aux jeux de vos enfants. Il serait alors d'un bon effet qu'un visiteur survînt, pour constater qu'aux préceptes austères vous savez opposer, avec le plus charmant à-propos, de tendres délassements.

Puis, l'âge et la force arrivant, que vos enfants s'accoutument aux travaux matériels. Ils feront leurs lits eux-mêmes, brosseront leurs vêtements, prendront soin de leur linge, c'est classique. Les filles se peigneront sans aide et nettoieront leurs gants, afin d'être en mesure de « se tirer d'affaire dans la vie ». Les garçons, dans le même but, sauront recoudre un bouton et faire disparaître une tache de graisse. Mais ils ne descendront pas jusqu'à cirer leurs bottines. A quelques disgrâces, en effet, que l'on soit exposé, l'on n'est jamais réduit, n'est-il pas vrai? à ce que j'appellerai les besognes viles.

Encore une fois, le public ne doit rien ignorer de tous ces détails. Ce n'est même que pour lui que vous vous en préoccupez. Mais vous serez bien payée de vos menus soucis par l'idée magnifique qu'on se fera de votre génie éducateur.

Je ne prétends pas que vos rejetons en seront moins fâcheux et moins remplis de morgue dans l'avenir... Bah ! Après vous le déluge

CHAPITRE III

LES DOMESTIQUES

Si je m'attarde à tracer les grandes lignes de la conduite que vous aurez à tenir à l'égard des domestiques, c'est qu'ils sont, de tout le genre humain, les êtres qui répètent le plus. Je vois en eux les trompettes toujours résonnantes d'une infatigable Renommée.

Comme, après tout, cette renommée sera la vôtre, comme vous ferez tous les frais des bavardages colportés, il convient, non de chercher à les faire taire, ce qui serait la plus chimérique des utopies, mais de vous les rendre favorables, ce qui n'est guère plus aisé.

Heureusement, les autres maîtres, comme vous justiciables du tribunal qui siège à l'office, exposés à subir, à leur tour, ses peu clémentes sentences, ont assez d'intuition pour dégager le fait qu'on leur rapporte relativement au maître voisin, de l'écorce de malveillance qui le recouvre.

C'est une sorte de solidarité.

Aussi, sans vous inquiéter de la manière dont le fait sera présenté, faites en sorte de ne livrer aux commérages que des particularités flatteuses pour votre personne.

L'expression ne dépassera point ma pensée, si je vous affirme que vos domestiques constituent le premier jury à même de vous décerner un brevet de femme supérieure.

Leur décision influera, n'en doutez pas, sur celle du monde. L'opinion qu'on se fera de vous reposera autant sur ce qu'ils auront dévoilé de votre intimité que sur ce qui en paraîtra directement au dehors.

Il en résulte, pour vous, la nécessité de leur apparaître, à eux aussi, comme supérieure, c'est-à-dire de leur imposer la seule supériorité qu'ils reconnaissent, celle de la force et de l'autorité, sans jamais condescendre à la moindre démarche familière ni vous exposer à la plus petite chance de ridicule.

Il n'y a pas, dit-on, de grand homme pour son valet de chambre. Je soupçonne que le mot émane, en première ligne, d'un domestique renvoyé; en tout cas, s'il garde un semblant de vérité, c'est la faute des grands hommes, non d'une fatalité inéluctable. Il est bien certain que si Louis XV eût mis plus de réserve dans ses rapports avec Bontems, il eût circulé quelques histoires fâcheuses de moins sur le *Bien-aimé*. Et puis, Louis XV était-il un grand homme?...

L'origine de la boutade ne peut être que dans un oubli momentané des distances, attribuable aux grands hommes en question. Je ne vois pas, en effet, ce qui eût pu, en dehors de cela, y donner prétexte.

Un homme en vue peut satisfaire, sans se diminuer — au moral tout au moins

— aux besoins les plus vulgaires. On sait bien qu'il change de chemise, qu'il porte un caleçon ou des bretelles, il n'y a rien de grotesque à cela.

Mais s'il s'abandonne jusqu'à rendre témoin d'un détail ridicule, même son valet de chambre, il est perdu sans retour.

Louis XIV, qui s'y connaissait en décorum, donnait couramment audience sur sa chaise percée, mais s'isolait dans les rideaux de son lit pour changer de perruque. Toute la nuance est là.

Qu'est-ce donc, après tout, qu'un domestique ?

On nous enseigne que, depuis 89, tous les hommes sont égaux, que depuis le moyen âge, les esclaves sont devenus des mythes, et que l'égalité, non sans peine d'ailleurs, a fini par s'établir.

Pour juger de la réalité de ces affirmations, proposez seulement au démocrate le plus avancé de s'asseoir dans une loge de l'Opéra à côté de son groom !...

Non, voyez-vous, les révolutions n'y ont rien fait. Les domestiques sont toujours ce qu'ils étaient, avec cet unique tempérament peut-être qu'on n'a plus le droit de s'en servir pour engraisser les poissons d'un vivier.

Libre, un domestique! Alors, pourquoi ne pas porter de moustaches?...

Mais la chose est trop évidente pour qu'on perde le temps à la démontrer.

Dans le monde, dans le vôtre, l'on considère que le domestique qui sert pour de l'argent et vous parle à la troisième personne, est d'une essence foncièrement différente. C'est une manière de transition entre l'homme et le minéral, qui serait sans l'ombre de conséquence s'il ne possédait une langue.

Ah! comme les muets serviraient mieux, à la condition pourtant qu'ils ne sussent point écrire!

Au surplus, prenez les choses telles qu'elles sont, faute de pouvoir choisir, et tâchez de tirer de cette « caste » pour parler le langage des parvenus, le peu d'avantages que l'on y trouve.

Evidemment, votre femme de chambre vous verra dans le simple appareil, elle vous aidera dans votre toilette, elle sera au courant des moindres minuties de votre accoutrement. Il est même probable qu'elle écoutera derrière la porte de la chambre où elle vous saura en tête à tête avec votre mari. Cela n'a rien que de normal et de prévu.

Avec tout le machiavélisme du monde, elle ne pourra rien citer de votre vie qui ne soit à votre louange. Répéter vos conversations, ce sera publier votre gloire.

Mais, du jour où vous aurez souffert une insignifiante incartade, où vous aurez écouté quelque phrase qui ressemble à un colloque, tout prestige s'évanouira.

De plus, si ayant une fois rendu la main, vous tentez ensuite de vous reprendre, on vous taxera de tyrannie, de pose et de beaucoup d'autres choses encore.

Bien loin de tolérer la plus inoffensive privauté, vous devez maintenir avec un soin jaloux les distances qui vous séparent de la livrée.

Sans doute, M. de Goncourt a dit que, si le premier venu commande aux domestiques, seul l'homme bien élevé leur parle. C'est une pensée de gentilhomme révolutionnaire ou un mot de littérateur, sans autre conséquence.

Commandez, madame, au contraire. Il n'est pas du premier venu d'être digne et respecté. Dites en parlant de la plus futile recommandation : « Je vais donner mes ordres ! » Vos ordres ! cela sonne à merveille et dénote une supériorité qui ne se conteste point.

Considérez que le respect le plus absolu est d'obligation à votre égard. Certains maîtres condescendent parfois à deviser avec la valetaille : rien n'est plus préjudiciable au bon ton.

Je ne puis garantir qu'ils ne se dédommageront point entre eux en se divertissant à vos dépens, mais les lourdes plaisanteries de l'office ne montent pas jusqu'au boudoir !

Ne lésinez pas avec un domestique ; ne parlez même jamais d'argent; si quelque réclamation pécuniaire intervient où vous soyez directement visée, dites simplement: « Parlez à monsieur. »

On parlera à monsieur qui ergotera, discutera, chicanera, et la conclusion sera celle-ci : « Oh ! Madame est très chic : on s'entend toujours avec elle. Ce n'est pas comme avec monsieur, ce qu'il est mufle !... »

Un vieux domestique, mâle ou femelle, à cheveux blancs, à tête branlante, serait d'un bon effet. Il représenterait chez vous ces anciens serviteurs de famille que les générations se passent dans les héritages et qui sont comme une vivante image du respect des traditions et des vieux principes. Cela se trouve fort bien dans les bureaux de placement.

N'imitez pas enfin l'imprudence de

certaines femmes, qui ont des caméristes de confiance et leur font part de secrets dangereux, ou leur demandent des services délicats.

Une telle façon de procéder est la source des plus éhontés chantages, quand elle n'amène pas d'irréparables catastrophes.

CHAPITRE IV

LA FAMILLE

Par famille, j'entends les frères, sœurs, oncles, tantes, arrière-cousins ou neveux.

De cette liste, il convient d'isoler d'abord les frères et sœurs qui constituent un genre de parenté spéciale, mais inassimilable au reste.

En effet, il n'y a entre vous et votre sœur (si vous préférez frère, appliquez au masculin les observations qui vont suivre) que deux attitudes possibles : être en excellents termes ou brouillées à couteau tiré.

De sœur à sœur, l'on se hait ou l'on s'adore; pas de milieu. Et ne croyez pas que le hasard ou des circonstances imprévues déterminent lequel des deux sentiments doit présider à vos relations.

Rien, au contraire, n'est plus méthodique, plus raisonné, plus facile à déduire.

Il en résulte, comme première conséquence, qu'il ne vous est pas loisible d'adopter, en cela, des dehors d'indifférence. Voir votre sœur de loin en loin, éviter de la mêler à votre cercle mais cependant lui faire bon accueil, est une contradiction qui choquerait le monde et qu'il ne prendrait pas la peine d'analyser.

La voix du sang, madame! Respectez cette voix qui fait qu'un père devenu aveugle et sourd, reconnaît, dans une foule, l'enfant chéri qu'un traître lui vola le jour de sa naissance quarante ans auparavant.

Or l'affection entre sœurs est tellement classique, la chromolithographie nous a montré tant de belles jeunes filles se souriant, la main dans la main, qu'on n'en veut plus démordre.

La chanson elle-même a popularisé les droits imprescriptibles de la tendresse fraternelle. Ne chante-t-on pas, dans l'une des plus fameuses de notre temps, le *Bal de l'Hôtel de Ville* :

Quand on a du cœur
On pense à sa sœur
A sa femme, à ses mioches...

C'est au point que le poète n'a pas cru risquer un classement téméraire, en nommant la sœur avant la femme et les mioches !

Vous n'avez donc pas le droit d'user de modération : tout ou rien, voilà mon ultimatum.

Mais dans quel cas, tout? Dans quel cas, rien?

Ma réponse ne sera point ambiguë car elle repose sur une base purement mathématique.

Si votre sœur est très belle, très riche, très brillamment mariée, très intelligente, très instruite, rompez sans une seconde d'hésitation. N'est-il pas en effet bien naturel de vous débarrasser d'une rivale dangereuse? Qu'une amie, une parente éloignée, réunissant les qualités susdites, paraisse dans votre salon, rien de mieux. Cela le meuble avec éclat et la présence forcément intermittente de votre lointaine alliée la rend inoffensive. Mais votre sœur! Une femme qui se croirait le droit d'être sans cesse auprès de vous, qui considérerait comme siens vos familiers et vos admirateurs, qui, pour un peu, ferait les honneurs de votre maison et finirait par vous y tolérer presque! Il n'y faut point songer.

Qu'elle aille porter ailleurs une supériorité capable de primer la vôtre et nous laisse en repos.

Encore ne pouvez-vous l'écarter sans raison. Mais est-il besoin d'indiquer à une femme quelque stratagème de nature à provoquer une brouille? Vous rendriez, madame, pour les querelles, bien des points aux Allemands et je me garde de vous influencer en rien.

Par contre, cette sœur moins jolie que vous, moins richement établie, moins douée d'une façon générale, a droit à vos plus affectueux égards.

Vous pouvez l'admettre sans crainte dans votre intimité, vous devez la choyer, l'embrasser, lui donner des noms tendres, la présenter à la ronde comme votre meilleure et plus sûre amie. Vous aurez pour elle, en public, des attentions charmantes, vous marquerez qu'il vous serait agréable qu'on l'invitât partout avec vous ; vous en ferez enfin votre inséparable, vous réservant de la remettre à sa place, au cas où la tentation lui viendrait de s'en écarter, par une de ces phrases aiguës et venimeuses, une de ces allusions méchamment péremptoires, que seule, je crois, une sœur est capable de trouver.

Moyennant cette tactique, vous n'aurez pas en elle une concurrente mais seulement un courtisan de plus. Votre sœur jouera le même rôle que votre mari, c'est-à-dire qu'elle balancera l'encensoir intime, indispensable pour donner le rythme aux thuriféraires du second degré.

Si la Providence généreuse vous a donné plusieurs sœurs, le problème n'en est point compliqué. Il suffit d'opérer individuellement avec chacune d'elles, ainsi que je viens d'avoir l'honneur de vous le conseiller.

Une petite sœur cadette, non mariée, quelque chose comme l'aînée de vos enfants à vous égaierait votre intérieur en y mettant le charme et la fraîcheur d'une jeune fille, sans vous obliger à vieillir. Mais, me direz-vous, cela ne s'improvise pas, on n'a point ainsi de sœurs jeunes ou vieilles à volonté. Evidemment l'âge de vos parents ne comporte guère ces sortes de commandes. Contentez-vous, encore une fois, de ce qui est, en vous évertuant à le faire servir à votre gloire.

En arrière des frères et sœurs, nous trouvons l'ensemble énuméré plus haut, des cousins, tantes, neveux, collatéraux, alliés de toutes sortes.

Vous allez trier cette foule et en composer deux groupes bien tranchés, sans distinction de parenté.

Dans le premier figureront les titulaires d'un revenu montant au moins à vingt mille livres ; dans le second tous ceux dont la fortune ne réprésente point ce chiffre ou, pour tout dire d'un mot, les sans-le-sou.

Votre société habituelle sera prise exclusivement dans le premier groupe dont les membres auront droit à des égards proportionnés à leurs ressources. Il va de soi qu'une tante de cent mille écus de rentes ne saurait être sur le même pied qu'une autre qui vivote avec dix mille.

Quant aux malheureux parqués dans le second groupe à ceux qui passent leur vie pendus à la queue du diable, ils n'existent pas pour vous.

Il n'est point d'affection, de penchant particulier qui vous permette d'enfreindre cette règle.

Si les gros capitalistes se rencontrent plutôt dans la famille de votre mari, n'hésitez pas : faites table rase des petites jalousies habituelles en pareil cas, éliminez vos proches à vous et recherchez vos alliés, à qui du reste vous donnez les mêmes titres que s'ils vous tenaient par le sang.

En effet, c'est le seul moyen d'avoir à votre porte des voitures décentes, dans votre salon des toilettes avouables, à votre table des connaisseurs experts, à vos soirées des gens pleins d'aisance et d'agréments.

Ajoutez à cela que les gagne-petit n'ont, par définition, jamais de situations élevées qui fassent honneur et que, noyés dans un milieu plus brillant, ils ne savent que dire et importunent.

On n'imagine pas le trouble que peut jeter dans un cercle, un seul parent pauvre. Il est assis gauchement sur son siège dans une pose d'homme ignorant de la manœuvre mondaine et lamentablement dépaysé ; il sourit au petit bonheur, de droite et de gauche, à des voisines qui ne lui parlent pas et son air malheureux finit par forcer l'attention. On le regarde, il perd toute contenance, il maudit ses bras et ses jambes qui l'embarrassent au dernier point ; son corps lui-même voudrait être au diable ; son chapeau roule de ses genoux ; sa cravate remonte le long de son col ; on se demande tout bas, avec de folles envies de rire à peine dissimulées : « Quel est donc ce monsieur ? » Et il comprend fort bien...

Si c'est une femme, l'effet est pire encore.

Parmi les soies ajustées des toilettes qui l'entourent, elle arbore niaisement ses petits lainages pervenche ou feuille de rose, convaincue que de telles couleurs doivent compenser et au delà la grossièreté de l'étoffe. Elle remue à peine, de peur que les épingles qui corrigent les bâillements désastreux des coutures ne viennent, en désertant leur poste, à provoquer la déroute du corsage ou à laisser béante l'ouverture de la robe. Intimidée, rouge, tremblante, elle n'a d'yeux que pour le bout de ses gants encore infectés par la benzine du dixième lavage et elle rentre, sous l'abri tutélaire de sa jupe, ses bottines déformées, maintes fois recousues.

Convenez que vous seriez, à beaucoup moins, submergée par le plus meurtrier ridicule. Un salon digne de ce nom, le vôtre, n'est point une Cour des Miracles et les gens qui vous font la grâce d'y venir, désirent, avant tout, rester entre eux.

Il ne saurait être question de naissance égale, d'éducation analogue et autres billevesées que les victimes de la « purée » invoquent pour escalader certains degrés, en alléguant que cela seul constitue le rang social et non la fortune.

Au-dessous de vingt mille livres de rente, je vous l'ai dit et je vous jure que je mets les choses au plus juste prix, il n'y a plus ni rang ni cousinage qui tienne : il faut éliminer sans pitié.

Pourtant, je ne veux pas la mort du pêcheur, et si vous soupçonnez vos parents pauvres de pouvoir être utiles au besoin, recevez-les avec bonhomie tant qu'il vous plaira, mais jamais après deux heures. Ils doivent se contenter de l'instant où vous êtes en conférence avec votre bijoutier et votre tapissier ou rester chez eux. Croyez bien, d'ailleurs, qu'ils n'ont pas la cervelle construite autrement que les autres, et qu'ils s'estimeront heureux s'ils sont introduits dans ces beaux appartements qui les font crever d'envie et s'ils peuvent trouver ainsi l'occasion, le soir, en causant avec des amis pas poseurs, de leur lâcher deux ou trois fois, négligemment, votre nom illustré par les chroniques élégantes.

Afin de bien établir les différences de niveau, ne rendez, sous aucun prétexte, les visites qui vous seront faites par les membres de la catégorie besogneuse. Comme ils habitent, en général, des étages invraisemblables, vous pouvez donner l'excuse de vos palpitations et de vos précoces douleurs. Si peu que vous y mettiez d'adresse, invariablement, vous obtiendrez cette réponse : « Comment donc, ma cousine (ou tante, ou nièce, etc.), je ne compte pas avec vous ! Je reviendrai vous voir, mais à la condition que vous ne vous fatiguerez pas à escalader mon perchoir. » Vous protesterez en riant, l'autre s'en ira ravie et la cause sera entendue.

On ne vous accusera pas de maltraiter votre famille, car vous aurez les opulents pour témoigner de vos bons sentiments. Et puis est-il possible d'être intime avec tant de collatéraux? Évidemment non. Le hasard seul veut que les plus familiers soient précisément les plus cossus.

Malgré tout, il ne sera pas hors de propos de donner de votre esprit de famille une marque extraordinaire.

Vous ferez en sorte de trouver parmi vos parentes les moins à l'aise, une cousine entre deux âges, pas trop proche pour éviter la déconsidération, pas trop éloignée pour n'avoir pas l'air d'obliger une étrangère, et vous la prendrez purement et simplement à votre charge.

Elle demeurera chez vous, vivra de votre vie, partagera vos plaisirs, sera de vos voyages, en un mot fera partie intégrante de la maison.

Pour le monde, cela signifie que votre grandeur d'âme n'a pas reculé devant une charge nouvelle, que vous n'avez point hésité à encombrer votre budget d'un article facultatif pour venir en aide à une infortune imméritée, que vous êtes enfin parente aussi généreuse que parfaite épouse et mère admirable.

Pour la cousine recueillie comme une épave, cela implique l'obligation d'aller au-devant du moindre de vos désirs, de donner des preuves manifestes et continuelles de sa reconnaissance, de chanter vos louanges, en tous lieux, sur le ton le plus vibrant et le plus convaincu.

Pour vous, cela veut dire que vous avez déniché, sans bourse délier, une gouvernante idéale pour vos enfants, affranchie de la qualité d'institutrice, un précieux lieutenant capable de vous suppléer dans maintes corvées mondaines, en même temps qu'une surveillante attentive aux moindres besoins de votre caniche.

J'y vois encore un autre avantage.

Il peut arriver, en somme, qu'un parent réduit aux dernières angoisses de la gêne, possède assez d'aplomb pour venir, entre deux phrases banales, vous glisser une invite dans le genre de celle-ci : « L'année a été si mauvaise, mes petites récoltes si compromises que j'ai cru pouvoir me risquer à vous demander si vous ne voudriez pas être assez bonne pour avoir l'obligeance de prendre la peine de m'avancer... »

Aux préliminaires d'abord, au ton adopté ensuite, à ce dernier mot enfin, vous voyez de quoi il retourne. Vous interrompez, d'un geste doux, le solliciteur à qui vous répliquez, non sans un affectueux trémolo : « Hélas! depuis que j'ai pris notre cousine à ma charge, il ne me reste plus un louis disponible. Si je l'avais, je vous jure bien qu'il serait pour vous. »

A cela que répondre? Rien évidemment. Le mendiant que l'on évince en lui disant : « J'ai mes pauvres, » se détourne et quête ailleurs. C'est ce que fera votre « tapeur », sans avoir, en aucune façon, le droit de vous maudire...

Il me reste à parler d'une dernière classe de parents appelés à jouer un grand rôle dans votre existence : les parents à succession, ceux tout au moins dont l'héritage ne vous est pas nécessairement dévolu, à qui, par conséquent, il est indispensable d'inspirer une préférence en votre faveur.

Le plus urgent, c'est de convaincre le futur testateur que ses autres héritiers sont à l'affût de la moindre bronchite ou de la plus légère indisposition capable de se compliquer et de l'emporter dans les trois jours.

Il faut les montrer, échafaudant des projets dans l'ombre, supputant ce qu'il sera possible d'exécuter avec la fortune enfin obtenue, attendant avec une impatience fiévreuse le moment de prendre le joyeux deuil,

Mais avec quelle légèreté ne faut-il pas insinuer ces calomnies qui ont mille chances d'être à peine des médisances ! Avec quels mots pesés, quelles phrases vingt fois remises sur le métier ne doit-on pas risquer de semblables confidences !

On ne saurait en fixer d'avance les termes : un incident, un détail, un rien suffisent pour échafauder une dénonciation et le choix plus ou moins éclairé de la base, entraîne l'équilibre plus ou moins stable de l'édifice.

Il est probable que vos concurrents ne manqueront pas d'utiliser les mêmes pratiques à votre égard. Ce sera donc le cas ou jamais de vous révéler femme supérieure en vous montrant plus habile qu'eux et surtout en n'ayant jamais l'air d'éprouver en ce qui les concerne, la plus petite jalousie.

Cela fait, il existe une ligne de conduite

sage et modérée dont vous aurez soin de ne pas vous départir.

En général les vieillards ont des trésors de méfiance à l'usage de leurs légataires éventuels. Ils ne sont pas si sots qu'on croit, et si la flatterie a sur eux son influence universelle, du moins la veulent-ils, pour être dupes, vraisemblable et tempérée de quelque réserve.

L'héritier qui s'en va répétant à son oncle nonagénaire : « Vous êtes beau; vous êtes bon; vous êtes plein d'esprit; vous êtes infaillible, » ne tarde pas à être percé à jour et à recevoir son congé.

Un vieillard, c'est vrai, veut avoir raison; son âge, son expérience, le discernement qu'il se suppose ne lui rendraient pas moins insupportable quiconque s'aviserait de le contrecarrer brutalement.

Mais entre le fait de contredire avec persistance et l'approbation fastidieuse à force d'être plate, il y a place pour mille tempéraments.

Par exemple, savez-vous rien qui soit

plus flatteur pour l'amour-propre que de convaincre? Amener, par la persuasion, un opposant à renier sa conviction première pour adopter la vôtre est, à coup sûr, la tâche la plus agréable de l'esprit en même temps que la victoire la plus douce de la vanité.

Eh bien! soyez pour vos riches cousins, l'occasion d'un de ces faciles triomphes et vous serez émerveillée de l'effet produit.

Il y a tout dans l'artifice que je vous recommande. D'abord votre dignité paraît en bonne posture et détourne le soupçon. Ensuite, votre interlocuteur, subjugué par la puissance de ses propres arguments, ravi de rester maître du terrain se trouve étonnamment habile et vous sait plus de gré du compliment que vous lui donnez lieu de se décerner à lui-même que si vous imaginiez, à son usage, les louanges les plus hyperboliques.

Cela paraît très compliqué; rien n'est plus aisé cependant.

Avec ces simples paroles : « Oh ! croyez-vous ? » vous tenez toute la manœuvre.

Ces trois mots, placés après une affirmation de l'autre, déchaînent peu à peu, doucement, sans heurt, la controverse qu'il vous appartient d'arrêter lorsque vous le jugez bon.

C'est poli, modéré ; ce n'est pas un démenti malséant, mais c'est la porte ouverte au doute, c'est le droit de supposer que vous ne partagez en rien l'avis qui vient d'être émis et par conséquent l'obligation pour l'orateur de vous y ramener.

Et tenez, voulez-vous un petit modèle de dialogue selon ma théorie ? À part les faits qui changeront à chaque fois, la tournure générale vous guidera pour la marche à suivre et vous fera connaître la mesure moyenne de la discussion.

Vous arrivez chez un vieil oncle, immensément riche, dont vous pourriez être l'héritière. Après les bonjours de rigueur, la conversation s'engage.

L'ONCLE.

On vient de m'apprendre que Gaétan épouse ce petit laideron de Charlotte. Vous le saviez?

VOUS.

Oui, mon oncle.

L'ONCLE.

C'est une fière bêtise!

VOUS.

Oh! Croyez-vous?

L'ONCLE.

Comment, si je crois! Mais cela saute aux yeux! Charlotte n'est pas un parti pour Gaétan.

VOUS.

Oh! Croyez-vous? (bis).

L'ONCLE, *s'animant.*

Eh bien! je vous trouve bonne avec vos restrictions! Quoi! Laide à faire peur! Pauvre comme Job! Bête comme une cruche! Vous appelez cela un parti présentable!

VOUS.

Mais mon oncle, je ne prétends pas... Je dis seulement...

L'ONCLE, *très rouge.*

Allons donc! Vous ne pensez pas ce que vous dites! Un garçon comme Gaétan? Bien fait de sa personne, riche à millions, parfaitement élevé, un nom historique! C'est d'une disproportion criante!

VOUS.

Il est de fait que...

L'ONCLE, *éloquent.*

Il y avait, dans les relations de Gaétan, vingt, trente, cent filles délicieuses qui eussent été charmées de l'épouser!

VOUS.

Effectivement, à la réflexion, j'avoue...

L'ONCLE, *radouci.*

Comment diable, avez-vous pu penser un instant que ce mariage fût excusable!

VOUS.

On ne me consultait pas.

L'ONCLE, *étonné.*

Et après? On peut avoir son opinion.

VOUS.

Il me semble que j'en ai une... maintenant.

L'ONCLE, *intrigué.*

Eh bien! qu'en pensez-vous?

VOUS, *avec hésitation.*

Je le trouve... moins brillant.

L'ONCLE, *rayonnant.*

Là, vous en convenez.

VOUS.

Vous m'avez fait comprendre...

L'ONCLE, *aimable.*

Avec une nièce charmante et sensée

comme vous, la raison ne perd jamais ses droits. »

L'oncle, enchanté de la conversion, rêve de codicilles additionnels, sans qu'il vous en coûte rien que la peine de recevoir encore un compliment.

LE MONDE

CHAPITRE PREMIER

LES RELATIONS

Après l'intérieur que nous venons d'examiner, il nous reste à traiter la question des affaires étrangères, c'est-à-dire du *monde*, de tout ce qui n'est pas votre maison ou votre parenté. Cela se caractérise d'un mot général et pourtant précis qui dit bien ce qu'il veut dire : les relations.

Les relations embrassent tous ceux avec qui vous entretenez un commerce mondain et qui ont l'entrée de votre salon.

Ainsi, votre sœur de lait, votre homme d'affaires sont des connaissances, si vous voulez même des amis, mais non des relations. Et cela parce que la pensée qui vous guidera dans le choix des dites relations n'admettra pas d'intrus inférieurs à un certain niveau.

Que vous cédiez, en pareil cas à des considérations de sympathie, je n'y vois nul inconvénient mais la condition suprême de vos bonnes grâces, celle qu'aucune autre ne saurait suppléer, c'est l'aristocratie. Il sera, pour être seulement reçu chez vous et, à plus forte raison invité à dîner, absolument indispensable de faire partie d'une aristocratie quelconque. Celle du nom vient en première ligne, puis les autres : fortune, talent, etc.

On prétend volontiers, à l'heure actuelle, que l'aristocratie est fâcheusement dépréciée, que les négociants émigrés de la rue Saint-Denis, après fortune faite, sont à peu près seuls à lui accorder encore quelque prestige, avec les barons véreux qui vont, à la Bourse, pêcher des tortils et des mois de prison.

On constate de plus que, par une désolante réciprocité, nos ducs, nos marquis, nos artistes célèbres ne font pas fi des filles de bonnetiers millionnaires ou de voleurs heureux.

De là, des tirades sans fin, des philippiques fulminantes contre ce vil marchandage, contre ce trafic éhonté des traditions, de l'honneur et des grands souvenirs.

Vous en pourriez conclure, madame, qu'un esprit élevé, doit, étant donné le vent qui souffle, manifester quelque dédain de l'aristocratie et laisser à leurs prétentions ceux qu'une telle marotte empêche de dormir.

Ce serait la plus funeste des erreurs, la plus préjudiciable des sottises.

Comment! Dépréciée l'aristocratie! Nivelées et fondues les castes! Mais, à aucune époque, sous aucun régime, même à Venise, même sous nos rois, l'aristocratie n'a paru plus florissante, plus désirable et plus solide.

On parle de la Révolution; on invoque le 4 août; on rappelle l'échafaud; savez-vous l'origine de tout cela? C'est une frénésie d'aristocratie, un irrésistible besoin de goûter enfin aux ivresses d'un tel privilège.

Quelle désorganisation parmi l'état-major révolutionnaire, quelle entrave mise à la marche des choses si Louis XVI eût seulement fait La Fayette duc et pair! Quel loyalisme n'eussent pas fait éclater Robespierre gentilhomme de la Chambre et Marat chevalier des Ordres!

La caractéristique des hommes de révolution n'est-elle pas bien plutôt de remplacer que de détruire? Combien, sous Napoléon, devinrent de riches et paisibles comtes qui voulaient pendre à la lanterne jusqu'au dernier noblion avant d'être eux-mêmes titrés.

Mais le peuple? dites-vous. Ah! Elle est bien bonne... Je voudrais qu'un artisan du siècle dernier revînt tout exprès pour comparer sa misère à celle d'un ouvrier d'aujourd'hui. On n'y trouverait guère de différence, je vous assure. Tout le profit, d'ailleurs très réel, de la Révolution a été pour la « caste » du milieu, celle qui n'était pas fâchée de goûter à l'aristocratie tout en s'estimant mille fois supérieure à la « plèbe », comme disent les professeurs d'histoire.

Quant à qui est du peuple (1), le régime ne change guère sa condition et, si fort en république que nous soyons, on lui peut encore appliquer ce poème épique en un seul vers, où Villiers de l'Isle-Adam avait retracé l'histoire entière du moyen âge :

Pour un oui, pour un non, les peuples écopaient.

1. Puisque le mot se trouve sous ma plume, je ne saurais trop vous engager à trouver, pour le prononcer, un accent spécial. En abaissant les coins des lèvres, en coulissant un peu les yeux, en creusant les deux rides qui vont du nez à la bouche, on arrive à une expression de mépris mêlé de dégoût, très suffisante. On lance le *p* rudement, on appuie sur la diphtongue et on laisse mourir la fin comme indigne d'être prononcée. Il y a toute une profession de foi dans la façon de dire : « Cela se fait dans le PPPEUU*ple!* »

Croyez-vous qu'un député, même de la plus extrême gauche, ne se considère pas comme le représentant d'une aristocratie? Le conseiller municipal, lui-même, en parcourant, la tête haute, les salons magnifiques de l'hôtel de ville, n'a-t-il pas dans les veines un peu du sang vénitien des Dandolo, ou des Giustiniani?

Un préfet, un simple préfet a son palais, son conseil, ses « gens ». C'est encore de la monnaie de potentat et j'ai quelque raison de croire que les préfets démocrates d'aujourd'hui, comparés aux légendaires préfets de l'Empire, ne sont pas les moins pourvus de morgue.

Les naïfs, les gogos, les électeurs s'imaginent que l'aristocratie se compose de gens uniquement préoccupés de faire battre les étangs afin de ne pas entendre les grenouilles; mais l'aristocratie est la reine du monde, bien autrement universelle et puissante que toutes les réunions possibles de hobereaux, de burgraves et de mamamouchis,

Il n'est pas d'homme, qui n'en trouve un autre devant lequel affecter des airs hautains et affirmer sa prédominance.

Le tripier qui a boutique sur rue considère avec dédain le chiffonnier tout au plus riche d'une échoppe. Le boucher méprise le tripier parce que celui-ci ne vend que les parties inférieures de la noble bête dont lui-même débite l'ensemble. Le libraire qui vend la nourriture de l'esprit, les productions supérieures et délicates de l'intelligence, n'a que pitié pour tous les précédents qui brassent l'ignoble mangeaille.

Est-ce que le couturier, familier des jolies tailles et des peaux satinées, peut éprouver pour le quincaillier, aux mains salles de rouille, autre chose que de la commisération ?

Puis voici le marchand en gros qui plaint le débitant de sa bassesse ; l'entrepôt qui méprise le magasin, jusqu'à ce qu'on arrive au fonctionnaire, rouage de l'Etat, fort au-dessus de ceux qui vendent une marchandise quelconque et se ravalent dans un négoce.

Quelle figure maintenant, je vous le demande, fait le commis, chargé d'une besogne mécanique, purement routinière, devant l'artiste au cerveau puissant, toujours en gésine de création nouvelle?

Il est vrai que celui-ci se trouve aussitôt dominé par le journaliste, maître de sa réputation et des événements en général.

Enfin, le monde entier n'est que poussière, conglomérat d'insectes vagues et d'organismes sans portée, aux regards de l'élégant désœuvré auquel la nature n'a imposé que l'obligation de porter ses grègues de Paris à Monaco et de Biarritz à Dinard.

Encore une fois, tout se ramène à l'aristocratie, tout la respire, tout la réclame, et si l'on trouve tant de gens pour célébrer le régime démocratique, c'est que la démocratie n'est autre chose que l'aristocratie à la portée de tout le monde.

Sans doute on nous a montré des livres,

des pièces de théâtre où l'aristocratie proprement dite est assez malmenée; mais outre que la sincérité des auteurs semble toujours un peu contaminée de dépit, je vous déclare qu'ils n'arriveront jamais, vous entendez bien, JAMAIS, à la battre sérieusement en brèche, parce que, à les en croire eux-mêmes, l'institution tire toute sa force du nombre des imbéciles et qu'ils n'ont pas, que je sache, la prétention d'en détruire la race éternelle.

Pourtant, c'est bien par là qu'il conviendrait de commencer, un imbécile devant nécessairement faire naître l'aristocrate qui est son complément.

Et puis, entre nous, les tares intellectuelles ou autres, sont les mêmes dans tous les mondes. On voit chaque jour des Dubois ou des Martin faire des mariages intéressés, vivre dans la paresse et jouer au baccara. Quelle conclusion, alors, tirer de tout cela sinon que, les choses demeurant égales, mieux vaut tendre à l'aristocratie qui a théoriquement sa valeur morale et, pratiquement, sa valeur marchande, que de jeter sa poudre aux manants.

Le seul tempérament à cette loi primordiale que permette notre éclectisme contemporain, c'est de ne pas s'astreindre avec trop d'étroitesse ou d'exclusivisme à l'aristocratie particulée.

La marche incontestable des temps vous oblige à reconnaître qu'il s'est créé plusieurs aristocraties parallèles. Ainsi, puisqu'il faut trouver des équivalents, une médaille d'honneur au Salon compense assez exactement un titre de marquis; un fauteuil à l'Académie française représente un duché ou à peu près; à partir du dixième million, l'on est baron de droit et le fait d'avoir pour maîtresse une actrice en vogue ou d'être ministre, confère inéluctablement la qualité de vicomte.

Rien n'est donc plus aisé que d'établir une espèce de barême des titres indiquant outre des noms de titulaires, la dose exacte de la considération qui leur est due.

Mais, au lieu de m'embourber dans

d'interminables énumérations dont, peut-être, la logique et les proportions vous échapperaient, laissez-moi, madame, recourir à la parabole, vieux moyen toujours bon qui rend la pensée plus concrète et donne moins de prise à l'équivoque.

Il s'agit, n'est-il pas vrai, — et ma longue digression ne vous l'a point fait oublier, — de savoir de quels éléments doit se composer l'élite formant l'ensemble de vos relations.

Je suppose d'abord que votre salon est un vaste saladier.

Or, si je me réfère à la destination d'un tel récipient, nous y devons, sans aucun doute, faire une salade.

Est-ce trop vulgaire? Souhaiteriez-vous plutôt une macédoine? Le terme est plus noble mais moins juste. En somme, les gens les plus fastueux mangent de la salade, si j'en crois cette mode rastaquouère qui impose, pour si peu, une assiette et des couverts spéciaux.

Nous trouvons, en première ligne, dans

une salade... la salade, les feuilles longues et grasses de l'endive, ou rondes et boursouflées de la laitue, qui sont la partie substantielle.

Je la vois assez bien personnifiée par des gens de tout repos : académiciens, généraux, banquiers, chefs de service, diplomates titrés.

Mais que serait une telle réunion sans éléments plus actifs, une salade sans assaisonnement ?

L'huile incolore et onctueuse, ce sera quelques membres considérables du clergé : un ou deux chanoines, des prélats *in partibus*, des prédicateurs casuistes pour gens du monde.

Quant au vinaigre, à ce condiment piquant dont la présence donne du ton, mais dont l'excès incommode, il ne saurait être mieux représenté que par des écrivains légers, féministes ou autres, dont le bagout distrait, dont les pointes jalouses divertissent, alors que leurs assiduités finissent par engendrer le spleen.

De rares reporters feront aussi figure en ce rôle ingrat de vinaigre communicatif, dont le parfum s'exhale à distance, sous forme d'entrefilets élogieux, dans les gazettes bien posées.

Les vaudevillistes à succès, les chroniqueurs à jet continu, semblent tout indiqués pour jouer le sel. Il ne faut pas craindre d'en mettre : on trouve toujours que la salade n'est point assez salée. L'effet dépend d'ailleurs du pouvoir salant...

Le poivre? Tout le monde ne le supporte pas avec une égale facilité. Certains estomacs en éprouvent du dommage ; pourtant, on l'aime, en général, et on le recherche. Son goût ne doit pas dominer, mais si le palais exercé d'un gourmet ne le découvre pas, la salade, même salée, passe pour fade et insipide, Ayez donc à portée du saladier, selon les besoins, quelques détenteurs d'histoires graveleuses, capables de les débiter avec une réserve décente et de les envelopper dans la gaze requise.

La moutarde, c'est l'imprévu : de Dijon, très forte, avec les chansonniers épicés, les conteurs du Chat noir, les étoiles de passage venues tout exprès du café concert ; de Bordeaux, au contraire, plus douce, avec les barytons éthérés et les diseurs de monologues convenables.

Enfin, il y a les fines herbes, qui ne sont pas absolument indispensables, mais qui rehaussent très bien la saveur d'une salade et la complètent, au sens de certains délicats. Quelques jeunes gens inoccupés, mais portant des noms bons à être criés à la porte, en tiendront avantageusement l'emploi. Ils resteront ensuite mélangés à la sauce et, sans faire masse, sous la dent du convive, apporteront cependant à l'ensemble leur parfum agréable et fugitif.

Vous le voyez, madame, il faut de tout. Oh ! entendons-nous sur ce tout. Je veux dire par là tout ce qui a une valeur, tout ce qui peut reverser sur vous un peu de son éclat propre, et contribuer, par l'ensemble des reflets, à vous faire briller vous-même comme il sied à une femme supérieure.

Cela revient bien à dire, si, après la salade, je compare vos relations à un fromage, qu'il est composé avec les crèmes de toutes les aristocraties, soigneusement battues et mélangées, de façon à obtenir un produit homogène.

Une question encore vous préoccupe : devez-vous continuer à recevoir des gens compromis dans des scandales galants ou financiers ?

Je m'en réfère à Rivarol, pour vous répondre : on peut frayer avec des gens de mauvaises mœurs, mais non avec des gens de mauvaise compagnie.

La distinction, pour juste qu'elle soit, vaut d'être précisée.

On entend par gens de mauvaises mœurs, ceux qui, ainsi que diraient vos prédicateurs, s'abandonnent aux entraînements de la chair. Ce sont les femmes qui ont des amants, les hommes qui ont des maîtresses, et que les horreurs du remords n'épouvantent pas outre mesure.

Vous n'avez pas à contrôler la conduite de vos familiers, ni à mesurer leurs responsabilités, en établissant la balance entre ce qu'exigent leurs sens et les satisfactions qu'ils leur octroient. Que ce soit par dilettantisme, par vanité, par besoin physique ou par dépravation, il ne vous appartient nullement d'en connaître, à la condition que les coupables procèdent avec une certaine discrétion, et ne se livrent point ouvertement, sous vos yeux, à leur amoureux manège.

Ils tomberaient alors dans la mauvaise compagnie, c'est-à-dire dans la catégorie de ces rustres qui, au lieu de donner à leurs erreurs un tour élégant et frivole, en font grossièrement parade, tiennent des propos malséants et déconcertent une réunion par des allusions continuelles à leurs bonnes fortunes.

N'avoir aucune pitié pour ces derniers, mais posséder, par contre, des trésors d'indulgence pour les autres, est une attitude à la fois digne et prudente dont n'importe qui vous saura gré.

En matière d'argent, il n'en va pas tout à fait de même et c'est à peu près exclusivement sur les résultats de l'aventure qu'il faudra régler votre conduite, au lieu de n'envisager que les procédés.

Si quelqu'un de votre entourage se trouve suspecté pour une indélicatesse d'un petit nombre de milliers de francs, vous pouvez, *a priori*, le considérer comme disqualifié, car on est tellement chatouilleux dans le monde, sur les questions pécuniaires, — lorsque le chiffre manque d'importance, — que le soupçon, même non vérifié, entraîne une tare indélébile. Un homme qui a, dans son existence, quinze mille francs douteux, les traîne comme un boulet de quinze cents kilogrammes (poids de la somme en billon), dont il ne se débarrasse jamais.

Si, par contre, un financier de vos amis est pris à partie pour une opération de quinze millions, réservez-vous et attendez. L'orage passera, ne laissant après lui qu'une grosse fortune de plus et des fêtes merveilleuses en perspective.

D'ailleurs, réfléchissez un instant. Comment voulez-vous que l'on vole quinze millions? Il n'y a pas de coffre-fort contenant cette somme. Les caves de la Banque de France sont inaccessibles, et nul ne se risque à porter sur lui une telle richesse. Alors? Un coup de bourse? Un accaparement? Des mots, tout cela, inventés par des maladroits, victimes de leurs spéculations folles, et qui, furieux de leur « culotte » méritée, voient des filous jusque parmi les plus honnêtes gens.

En principe, on peut voler jusqu'à un million. On a vu d'évidentes escroqueries atteindre ce chiffre. Mais au delà, il n'en existe pas d'exemple: cela se saurait.

Votre homme a donc « acquis », gagné bien et légitimement ses quinze millions; personne n'est en état de lui prouver le contraire, et ceux qui lui battront froid n'auront que le mérite de bouder contre leur ventre...

Ayez, bien entendu, un jour hebdomadaire de réception ou mieux encore un soir. C'est un moyen plus sûr de rassembler son monde, les hommes tout au moins ayant, de par leurs occupations, une excuse pour ne point paraître dans l'après-midi.

De plus, cela permet les décolletages, la musique, les lectures, les longues causeries. C'est un peu plus cher, à cause des rafraîchissements plus nombreux, mais le profit compense les frais, car vous avez ainsi toute votre cour sous la main.

Enfin, donnez quelques bals, mais uniquement pour réagir contre le luxe américain, usité aujourd'hui dans ce genre de divertissement. Proclamez bien haut que vous entendez rétablir la simplicité des vieux âges, et que votre ambition se borne à faire amuser la jeunesse.

Celle-ci vous en saura gré, car elle est de moins en moins gâtée sous ce rapport.

CHAPITRE II

LA CONVERSATION

Il est clair qu'il ne suffit pas de grouper autour de vous une élite incomparable ; il faut encore savoir la retenir par la grâce de votre accueil et le charme de votre conversation.

Une foule de « grandes dames » — de fantaisie pour la plupart, comme les sirops des marchands de vin — ont composé, sur le tact, la politesse et les usages, de précieuses brochures où les héritières devenues marquises tout de bon, trouvent, en un clin d'œil, la façon de se conduire dans les moindres circonstances de la vie.

Il y est indiqué comment on doit saluer, s'asseoir, marcher ; selon quelles préséances, il convient de placer à table une kyrielle d'invités ; l'ordre où l'on doit verser les vins; jusqu'à la façon de tenir la fourchette et mille autres détails palpitants qu'une table des matières bien ordonnée permet de découvrir, sans peine, selon la nécessité.

Mais pas une, que je sache, ne s'est risquée à réglementer la conversation, dont l'importance n'est pourtant pas contestable.

C'est cette lacune que j'ai la présomption de vouloir combler, sans essayer de me donner pour la comtesse de rigueur ou de laisser croire, un instant, que je suis une jeune et jolie femme...

Avant toutes choses, accoutumez-vous à l'indifférence universelle et n'ayez jamais de variations d'humeur que sur commande.

Vous devez être non seulement maîtresse de maison, mais encore de vous-même.

La susceptibilité, la tendance à la colère, mènent droit aux « lunes », c'est-à-dire à des différences de niveau dans l'affabilité, à des marées de bienveillance qui désobligent les familiers et empêchent toute continuité dans les relations.

Il est essentiel qu'on apporte chez vous la certitude d'y être bien reçu, sans quoi beaucoup de gens n'y viendraient pas.

Certes, une telle attitude n'aura pas toujours la récompense qu'elle mérite. On vous calomniera : les envieux — toutes les grandeurs en mènent après elles — vous vilipenderont. Vous serez en butte à mille manifestations de jalousie, à d'innombrables assauts hypocrites. Méprisez tout, madame, et sachez opposer aux pires vilenies une immuable sérénité.

Mais une règle sans exceptions n'en est plus une. Par intervalles, découvrez un de vos ennemis, prenez-le en particulier, improvisez à son usage une semonce de haut goût, renvoyez-le confus et contez l'aventure à votre meilleure amie, sous le sceau du secret, afin d'être certaine que tout soit répété.

Votre discrétion à vous sera portée aux nues et votre victime ira grossir d'un remarquable spécimen la phalange des imbéciles.

Défiez-vous des remontrances publiques ou, si vous y voyez quelque opportunité, choisissez vos personnages parmi les mieux élevés, de qui une riposte trop vive n'est jamais à craindre.

Je vous permets néanmoins d'accueillir les racontars de chacun; la vogue est aux dossiers secrets et il peut être intéressant de connaître bien des dessous, utile même au besoin. Écoutez, faites votre profit; gardez-vous d'interrompre une médisance. Il faut du reste compter avec votre curiosité, la satisfaire sans fausse honte. En revanche, n'approuvez jamais un propos malveillant, n'ayez pas l'air de vous en réjouir et répondez simplement : « Oh! vous en êtes sûr?... Cela me paraît bien fort... Pourquoi croire à la légère?... » De cette façon vous resterez neutre sans pourtant décourager le bavard qui, pour achever de vous convaincre, vous confiera tout ce qu'il sait.

A ce propos, je vous déclare qu'indépendamment de l'art de parler, il y a aussi l'art d'écouter qui est plus utile encore peut-être et qui n'est pas moins délicat.

Parler, lorsqu'on s'en tire avec avantage, est, sans doute, un excellent moyen de plaire, mais écouter !

Vous représentez-vous tout ce qu'il y a d'adresse de bon aloi et de diplomatie à la fois simple et décisive dans ce seul fait : écouter ?

Ecouter, c'est reconnaître à l'interlocuteur une importance spéciale, c'est rendre justice au charme de sa parole, c'est proclamer l'intérêt de ce qu'il dit, c'est s'incliner soi-même devant son éloquence, toutes choses bien faites pour chatouiller l'amour-propre le plus ombrageux.

Que de gens, lorsque vous leur parlez, ont les lèvres frémissantes, le souffle sous pression, et semblent toujours sur le point de vous interrompre, afin d'entamer une narration plus palpitante que la vôtre, ou bien encore affectent un air distrait et ennuyé comme s'ils attendaient avec impatience la fin de votre période.

Bien loin de faire étalage d'une pareille attitude, il faut y aller de tout cœur ou plutôt de toute oreille.

Comme on demandait un jour au maréchal Soult, très attentif aux moindres bagatelles des bavards admis en sa compagnie, par quel moyen il arrivait ainsi à paraître écouter d'une telle conscience, il répondit simplement : « Eh! mais, le meilleur moyen de paraître écouter, c'est d'écouter en effet. »

Réglez-vous sur ce principe : écoutez sans broncher les pires fadaises. Qu'il s'agisse d'un seul interlocuteur ou d'une réunion nombreuse, la question ne change pas : c'est affaire de dosage, d'après la qualité et la quantité.

Surtout n'oubliez pas que le sourire est une arme aussi précieuse que le sabre de M. Prudhomme; il sert à encourager la confidence et, au besoin, à l'interdire. On l'emploie en parlant pour envelopper de grâce tout ce que l'on dit; en écoutant pour marquer l'intérêt bienveillant éveillé par l'orateur; il rend moins pénible un dialogue languissant et prête une séduction de plus aux guirlandes de vos phrases. Il est la panacée mondaine qui guérit tous les maux, comble tous les vides, corrige toutes les imperfections.

On vous annonce une mort, sourire contracté de condoléance; on vous informe d'une naissance, sourire joyeux de « bien vive part »; on vous expose un problème de métaphysique, sourire restreint de recueillement; on vous déclame des vers, sourire mystique d'extase; on vous importune, sourire crispé d'ennui... et la gamme, je le répète, est interminable.

Sourire est parfait, écouter mieux encore, mais vous imaginez bien que ce ne sont point là des éléments de conversation suffisants.

Il faut parler, madame, parler beaucoup, parler chaque fois que le loisir vous en est laissé. Une femme dont la conversation a des « trous », même de simples hésitations, ne passera jamais pour supérieure. Au contraire, celle dont le babillage ne tarit pas, qui épargne aux assistants la peine de trouver rien à dire, est en droit de prétendre aux plus brillantes destinées.

Mais que raconter ? Que choisir parmi le fatras énorme des sujets exploitables?

Comme, évidemment, sur la masse des paroles qui s'échapperont de votre bouche le déchet ne sera pas mince, il sera bon de diriger vos discours vers des thèmes suffisamment vagues pour admettre toutes les variations. Le chapitre des domestiques est inépuisable mais trop banal; celui de la toilette dénote des préoccupations bien futiles; celui de l'amour longe d'affreux précipices ; celui de l'art n'amuse pas tout le monde et demande une préparation ; celui du sentiment ou plutôt du sentimentalisme semble être provisoirement le plus digne d'être exploité; le thème a cela d'avantageux, qu'on peut dire tout ce qu'on veut sans risquer trop de sottises ou d'anachronismes compromettants.

Il y a aussi le procédé qui consiste à parler de l'un à un autre. Je sais bien qu'il est malaisé de s'entretenir d'une personne absente sans faire des glissades vertigineuses vers la médisance. C'est même en cela que réside la grande utilité d'un ami qui sert à exercer notre tendresse quand il est là et notre malignité lorsqu'il a tourné les talons.

Mais vous pouvez, ce me semble, conduire le dialogue de telle sorte que « l'éreintement » inéluctable soit fait par votre interlocuteur, en vous réservant le peu de bon possible à dire.

En tous cas, s'il vous arrive de citer quelques noms, au cours de la causerie, que ces noms soient choisis et produisent un effet. Un nom indifférent et obscur n'a pas de raison d'être dans votre bouche et, à citer souvent des personnalités insignifiantes, vous donneriez de vos relations la plus misérable idée.

Ainsi quand un diplomate sera sur le tapis, ne le nommez pas par son nom. Dites : « L'ambassadeur d'Angleterre ou le ministre de France à Copenhague me disait hier encore... »

Si pourtant il est copieusement titré, acccablé d'un nom fameux, faites à votre guise : ambassadeur à Berlin, marquis de Noailles, l'un vaut l'autre ; l'idée de l'un, celle de l'autre, évoque aussitôt l'éclat, et la notoriété des deux se trouve être sensiblement identique pour désigner un même personnage.

S'agit-il d'un nom plus bourgeois et moins achalandé dans l'histoire, alors accolez soigneusement le titre : M. Bézuchet, membre de la Société contre l'abus du tabac ; M. Corbulon, de l'Académie française ; M. Titubard, l'ancien ministre, etc. Il est bon que l'on connaisse à chaque fois le poids exact du nom que vous prononcez.

Si même, une personnalité sans conséquence, une femme, je suppose, dénuée de tout qualificatif officiel ou nobiliaire, vient à passer parmi vos allusions, cherchez quel titre à un tel honneur vous pouvez évoquer pour elle, si lointain qu'il soit. Inventez-le au besoin mais, par le ciel, n'allez pas désigner sèchement Mme Craspotel ou Mme Bobitou : on croirait que vous recrutez vos amies sur le carreau du Temple. On peut toujours dire d'une femme qu'elle est arrière-petite-nièce de Jean-Jacques Rousseau ou cousine éloignée de la Malibran : c'est bien le diable s'il n'y a pas un peu de vrai !

L'usage modéré des citations ne peut nuire, mais une femme ne les fait guère en latin ou en grec. Utiliser la traduction prouve qu'on a le texte familier sans exposer à de redoutables barbarismes.

Enfin, je n'ose vous conseiller l'innocent stratagème de Mme de la Popelinière, utilisé, dit-on, par plus d'une femme de notre temps et qui consiste à noter sur un carnet les traits d'esprit que l'on doit faire et les pensées que l'on doit émettre au cours de la journée. Une telle manœuvre peut réussir, mais demande un à-propos et une finesse qui permettent largement de s'en passer.

Au reste, soyez de l'avis de tout le monde avec de faibles controverses, pour faire valoir votre adhésion ; exagérez la sympathie que chacun vous inspire ; admirez avec fanatisme ceux qui méritent à peine un encouragement ; portez aux nues les hommes ; complimentez les femmes et vous aurez ainsi de telles créances d'hommages et d'adulations que l'ingrat désireux d'esquiver sa dette ne sera qu'un banqueroutier moral, universellement décrié.

Comme cependant, le contact de tant de gens distingués tenant aux lettres, aux arts et à la politique, vous mettra dans la nécessité d'avoir quelques notions de ce qui les intéresse, je vais joindre à ce *Petit manuel* un *vade-mecum* intellectuel, dont vous vous trouverez bien de suivre les leçons.

LES CHOSES DE L'ESPRIT

CHAPITRE PREMIER

LES SPORTS

Ah ! par exemple, allez-vous dire, placer les sports en tête des choses de l'esprit, voilà qui est d'une belle inconscience ! En vérité, si fort qu'on ait le goût des antithèses, encore serait-il convenable de les justifier et de ne les pas faire tourner au coq-à-l'âne.

Fort bien, madame, et votre apostrophe étant épuisée, je vais pouvoir à mon tour hasarder quelques remarques.

Oui, certes, je place les sports parmi les choses de l'esprit et en tête, s'il vous plaît, pour une raison que mes précédentes indications vous rendront bientôt lumineuse.

De toutes vos relations, quelles sont celles, je vous prie, dont vous faites le plus grand cas et dont la considération vous est la plus flatteuse ? Sont-ce les écrivains, les peintres, les journalistes, les fonctionnaires, les musiciens ?

Non, madame, et, répondant pour vous tout de go, je distingue au fond de votre âme une prédilection marquée pour ceux qui, n'ayant rien à faire, ne font rien en effet ; pour les gens à qui leur naissance ou leur fortune créent l'obligation, très douce à la vérité, de demeurer oisifs.

Ceux-là seuls donnent le ton, édictent les lois de l'élégance ou du ridicule que les autres en somme, si amères que soient par intervalles leurs récriminations, restent fort heureux d'observer à la lettre.

Vous avez deviné que c'est l'aristocratie que je veux dire, l'aristocratie proprement dite, sans épithète, la seule qui tienne en fin de compte, le haut du pavé, qui soit capable de lancer une mode et dont les prérogatives ne s'acquièrent pas (1).

Or si les membres de cette heureuse catégorie d'hommes repoussent avec dégoût toute espèce de besogne rétribuée, afin d'éviter l'humiliation quelque peu dégradante du salaire, il est hors de doute que l'oisiveté absolue, mère de tous les

1. Ai-je besoin de vous assurer que je me place ici à un point de vue purement théorique ? On a vu, depuis Samuel Bernard, tant de dérogations à l'immuabilité du principe qu'on s'est accoutumé peu à peu à considérer l'argent comme frère jumeau de la naissance. Ils s'entendent du reste à merveille et se recherchent volontiers. Je ne serai donc pas plus royaliste que le roi et j'admettrai fort bien que l'aristocratie comprend autant d'agents de change que de ces gentilshommes à qui il ne manque, pour redevenir des héros, que des croisades. Mais en dépit de tout, quelques concessions que je fasse, il n'y a vraiment qu'un prince authentique pour bien patronner un chapeau.

vices, est aussi pour le moins, tante de l'ennui.

Il importait donc de remédier à ce pénible état de choses et de trouver une occupation qui, non seulement eût l'avantage de ne rien rapporter, mais encore possédât l'inestimable qualité de coûter fort cher.

Les sports, convenez-en, représentaient, à ce titre une trouvaille sans pareille. De là leur succès étourdissant et leur adoption enthousiaste par les gens bien posés.

On a découvert par la suite que les races humaine, canine et chevaline, en retiraient une sérieuse amélioration, mais il est certain que leur prix élevé qui en écarte la foule, a été leur premier et principal élément de réussite.

Et c'est ici que se place ma justification, car si les sports sont en apparence destinés à fortifier le corps, à lui procurer grâce et souplesse, ils ont pour effet bien autrement réel de divertir et d'occuper à peu près exclusivement l'esprit de ceux qui s'y livrent.

Causez avec un sportsman. En homme bien élevé que je le crois, il admettra que vous lui parliez de l'événement du jour, de la pièce en vogue mais avec le visible désir de revenir à ses chevaux et à son turf. Un yachtman, s'il est poli, fera les mêmes concessions pour verser pareillement ensuite dans le récit de ses prouesses marines.

Ainsi de tous.

Quelle figure ferez-vous alors en présence de ces sujets brûlants, restés pour vous des hiéroglyphes?

Vous aurez l'air d'une femme de rien qui s'est acquis, par surprise, quelques relations dans un monde relevé, mais à laquelle bientôt ceux qui font le lustre de son salon tireront la révérence.

Voyez quelle déchéance en résulterait pour vous, quel effondrement pour votre ambition.

Le sport hippique étant le plus coûteux, est, par une conséquence naturelle, le plus *select*, et par là j'entends, vous le supposez bien, non pas la promenade d'une heure sur un bidet loué cent sous, mais l'entretien d'une écurie de courses avec tous les tracas, toutes les gloires et, principalement, toutes les dépenses qui en découlent.

Je ne saurais entreprendre ici une description détaillée des différents sports. A peine devrai-je me borner à vous fournir quelques informes rudiments utiles à la conversation, vous renvoyant aux spécialistes, si la fantaisie vous prend d'approfondir.

Les courses, par excellence, fournissent une grande quantité de métaphores mondaines qui ont le double avantage d'imager la causerie en même temps qu'elles témoignent de quelques connaissances sportives.

Ainsi, le jour où un duc se présente à l'Académie, c'est un *crack* (1). Autrement

1. Ce n'est pas krach que je veux dire : on ne saurait s'y tromper.

dit, il est à peu près assuré d'être élu par opposition avec M. Zola, intrépide *outsider*, dont la victoire restera longtemps inattendue.

La course que pratiquent vos admirateurs, et dont vos faveurs sont le clocher, sera maintenue par vous dans les proportions d'un *handicap*; c'est-à-dire que vous imposerez aux coureurs une complète égalité de chances. Rassurez-vous : dans les handicaps, il y a toujours un *gagnant* et des *placés*. Le *dead-beat* même — façon élégante de prononcer *exæquo* — n'y est pas impossible.

Votre mari deviendra un simple *head-lad*, sorte de sous-ordre chargé des besognes ennuyeuses, tandis que vous resterez chez vous le *starter* incontesté. Je n'ose prétendre que vous triompherez ainsi sans concurrence. Faire *walk over* n'est pas du reste si glorieux, qu'il soit convenable de vous le souhaiter.

Ayez encore quelques notions du *stud-book*, le d'Hozier des chevaux, au moins pour savoir que si *Stuart* fut vaincu à Culloden, en 1746, sous forme de prétendant, il gagna, sous forme de cheval, en 1888, le prix du Jockey-Club. Il est bon de connaître aussi, de nom, le légendaire *Gladiateur* qui gagna le Grand Prix en 1865 et quelques autres dont on peut avoir l'occasion de parler.

La pratique d'un tel langage vous donnera aussi le goût des mots anglais qui dénote un incontestable raffinement et classe d'emblée dans une catégorie de gens où il peut être avantageux de figurer. N'allez pas cependant jusqu'à réangliciser les mots devenus français et à dire villédgiatoure pour villégiature : on doit avoir le tact de ne point franchir certaines limites.

Quelques termes de marine, dont tous les dictionnaires vous permettront de mesurer la portée, seront d'un bon effet auprès des gens de mer, amateurs ou autres. Il n'est pas indispensable d'être ferré là-dessus, la navigation n'étant pas matériellement praticable aux gens qui habitent le milieu des terres. Cependant parler au besoin de bossoir, d'écubier, de martingale et de cacatois, c'est se placer au-dessus de la foule, c'est presque savoir l'anglais.

Etudiez le *lawn-tennis* : que les lignes de service, les lignes de fond, les servants et les relanceurs n'aient pas de secret pour vous. Il existe à Puteaux, en pleine Seine, une île, escarpée et sans bords pour le vulgaire, où se réunissent, en des conciliabules soigneusement gratinés, quelques joueurs de tennis du plus haut vol. Ai-je besoin de vous faire ressortir combien il vous serait profitable d'y être admise! On n'est pas d'ailleurs forcé de jouer; l'essentiel est d'y être. Dire que vous vous y divertirez serait risquer de l'avenir une affirmation téméraire fort en dehors de mes habitudes. En tout cas, vous en rapporterez le droit de citer, avec vraisemblance, les noms les plus fastueux de l'armorial, ce qui est énorme.

Mais il est un sport dont je crois impossible, aujourd'hui, de ne pas parler avec quelque développement, tant le plaisir qu'il procure lui a donné d'adeptes depuis quelques années. C'est la bicyclette que je veux dire.

Au début, la *gentry* (soyons anglais) ne parut pas s'enthousiasmer outre mesure pour les roues caoutchoutées et le cadre luisant du « Pégase d'acier ».

Inutile d'en chercher loin la raison. Un instrument que l'on pouvait se procurer pour cinq cents francs, à l'aide duquel on risquait d'être soupçonné de vouloir économiser des chevaux ou des voitures n'avait rien de particulièrement prestigieux. Et puis, comme il était logique, des gens sans portée en avaient patronné les débuts. Des employés, des commis, des ouvriers même s'en étaient engoués, en usaient pour leur travail, ce qui équivalait au plus fâcheux encanaillement.

Quel homme d'un peu de naissance et de pas mal d'esprit s'avisa le premier qu'on pouvait pédaler sans déroger? L'histoire sans doute l'ignorera toujours. C'était à coup sûr un *leader* autorisé car son exemple ne fut pas perdu. Un second se risqua, puis d'autres, puis beaucoup, puis tous, puis des princes, des rois, des empereurs...

Nous avons vu grandir cette vogue avec une rapidité foudroyante, à croire que la bicyclette avait eu, comme les omnibus, sa duchesse de Berry.

Vous savez, en effet, que, sous la Restauration, les premiers ancêtres des guimbardes monstrueuses qui nous transportent dans Paris, n'ayant pas eu d abord — toujours à cause des prix modiques — le moindre succès parmi les gens *comme il faut*, il fallut que la duchesse de Berry s'aventurât en personne dans une de ces montagnes roulantes. On la reconnut à ce qu'elle paya sa place cinquante francs -- seul moyen, pour elle, de se sauver du ridicule — et l'on finit par convenir qu'où la future reine de France (sauf Louvel et 1830) avait passé, d'autres pouvaient passer aussi.

Louis XIV d'ailleurs en avait usé de même avec les premiers fiacres.

Toutefois l'engouement masculin pour la bicyclette n'était rien encore : voici que maintenant le même phénomène se reproduit du côté féminin : des grisettes d'abord, puis le demi-monde, puis le monde, puis le grand monde... bref nous en sommes aux impératrices et aux potentates de toutes sortes.

Devez-vous donc céder à l'entraînement? S'il n'y a plus de considérations morales ou mondaines qui vous interdisent la bicyclette, l'esthétique lui est-elle aussi favorable ?

Les vieilles dames de province, dont les jarrets se sont ankylosés, depuis les redowas de 1850, sont furieuses de voir leurs petites-filles s'amuser à un jeu qu'elles n'ont pas connu.

Comme c'est disgracieux ! Comme c'est brutal ! Comme c'est antiféminin ! Ah !

où sont les gestes arrondis de jadis ? Les femmes n'ont plus de jambes, mais des bielles ! Plus de hanches, mais des pistons !... Hélas ! Trois fois hélas !

> Mes enfants, tout dégénère,
> Croyez-en votre grand'mère !...

Et « de mon temps » par-ci... et les traditions par-là ! Et patati, et patata !

Evidemment, dans ces malédictions, il y a de l'orfèvre et je trouve pour ma part, qu'on se hâte un peu en criant à l'abolition de toute grâce. Il n'est pas jusqu'au costume généralement adopté qui ne soit fort agréable, en dépit des anathèmes fulgurants dont l'accablent celles qui ne sont plus en état de le revêtir.

Un mollet bien pris dans son bas est toujours joli, quand il est joli. La finesse du pied ne souffre nullement du soulier à boucle et la taille enfermée dans une blouse habilement taillée n'en paraît pas moins régulière.

Mais c'est la culotte (Ah ! que n'ai-je

ici un mot anglais !) qui supporte le plus de duretés... Cela ne se discute pas et je prétends seulement qu'une belle femme en culotte n'a pas à craindre qu'on la compare à un laideron en robe à queue.

On dit encore que le mouvement violent essouffle, qu'il pousse à la transpiration et rougit les visages.

Or, une poitrine bien plantée ne saurait perdre à l'essoufflement, non plus que des joues fines à s'empourprer d'un incarnat plus vif.

La conclusion de tout cela, voyez-vous, c'est que les femmes qui n'ont ni gorge, ni hanches, ni mollets affectent pour les traditions une déférence aussi exagérée que suspecte, tandis que les autres ne sont pas longues à se laisser convaincre.

A vous de juger, madame, si votre santé, votre ardeur et vos *performances* (anglais, ça) vous permettent l'usage du vélocipède.

Dans la négative, rangez-vous du parti des aïeules renfrognées.

Dans le cas contraire, pédalez sans fausse honte.

Mais, surtout, pas d'indifférence ! Ou bien tonnez contre la dépravation d'un temps qui autorise des exercices violents, brutaux, antiféminins... voir plus haut ; ou bien vantez la voluptueuse ivresse des membres dégourdis, de l'air largement respiré, des kilomètres engloutis et de l'appétit décuplé...

Il faut avoir une opinion sur la matière et ne pas craindre de l'exprimer, les bicyclistes étant les fidèles d'un sport non encore universellement accepté, contraints par conséquent, s'il y a lieu, d'admettre toutes les discussions.

En ce qui concerne la pratique, je ne saurais trop vous mettre en garde contre les allures de rapidité qu'affectent certaines *cyclewomen*. Cela, oui, c'est disgracieux et il y a, Dieu me pardonne, des chevalières de la pédale qui vont jusqu'à tirer un pied de langue pour souligner leurs déhanchements.

Restez plastique et digne en cela comme en tout : il y a parfaitement moyen. Que la marche de vos compagnons se règle sur la vôtre et n'excède jamais le train de promenade bon pour faire valoir le jeu de vos formes, non pour vous disloquer.

Parlerai-je des autres sports ? L'escrime, la natation, la marche sont si peu coûteuses que le premier croquant venu s'y peut adonner. Leur vulgarité même vous dispense de les honorer d'une étude, sans compter que l'absence de termes techniques en diminue considérablement l'intérêt au point de vue général de la causerie.

CHAPITRE II

LA LITTÉRATURE

Ce qui, après les sports, touche de plus près à l'esprit, c'est incontestablement la littérature.

Bien des gens s'imaginent que pour parler de littérature avec quelque intérêt il faut avoir beaucoup lu, s'être fait, dans le recueillement, une opinion sur chaque chose et continuer, en conscience, à se tenir informé de ce qui vient au jour.

A ce compte, je voudrais bien savoir à quel chiffre monterait le nombre des femmes — et même des hommes — capables d'en discourir.

Heureusement, madame, la vérité n'est point si cruelle et je ne vous obligerai pas à dévorer de poudreuses bibliothèques non plus qu'à vous ruiner dans les librairies. Il n'est pas, en effet, d'ordre d'idée ou le « ouï-dire » joue un rôle plus utile et plus universel.

A peine quelques principes généraux sont-ils obligatoires en manière de préliminaires.

D'abord, vous avez tout lu, depuis la *Batracomyomachie* jusqu'au livre paru la veille. Avouer qu'on ignore une œuvre célèbre ou dont l'auteur a fait quelque bruit, revient à se montrer fière d'un défaut, ce qui n'est guère le fait du rang que vous ambitionnez.

Mais, dites-vous, où prendre le loisir d'un travail aussi vaste, d'un labeur aussi fatigant ?

N'ai-je donc pas répondu d'avance à votre question en vous donnant à penser qu'il vous suffirait de l'affirmer, sans vous y astreindre en réalité ? Ce n'est point là un mensonge car je crois, avec M. Anatole France, qu'une femme ne saurait être accusée de mentir lorsqu'elle ne fait pas de mensonge inutile.

Encore faut-il que vous possédiez une teinture d'ensemble, un brillant semblable à ces vernis qui, appliqués sur le bois peint, lui donnent l'aspect du marbre.

Il est, pour cela, un procédé d'information aussi profitable qu'infaillible qui consiste à suivre le plus possible de conférences. Sentez-vous tout ce qu'il y a de dilettante et de délicatement désœuvré dans ce seul mot : conférence?

La conférence c'est le liebig de la littérature, qui donne, réunis dans une tasse de savoureux consommé, agréable et facile à prendre, tous les principes nutritifs extraits d'une foule de grosses viandes qui vous mèneraient à la dyspepsie au cas où vous les voudriez absorber en conscience.

Le travail de la mastication vous est de la sorte épargné; la science qu'on vous offre est à demi digérée, tant et si bien que votre cerveau qui est l'estomac de l'esprit éprouve tout juste le plaisir d'assimiler et ne ressent nulle fatigue.

C'est ainsi qu'en quelques séances, vous pouvez être renseignée comme personne sur le théâtre antique, sur les livres sacrés des peuples orientaux, sur la Pléiade, sur les psychologues contemporains, sur les auteurs érotiques de tous les temps, sur l'éloquence sacrée, enfin *de omni re scibili et quibusdam aliis*, comme disait cet outrecuidant de Pic de la Mirandole.

Peut-être craignez-vous qu'on ne vous accuse d'avoir puisé le plus clair de vos connaissances dans ces sortes d'auditions.

Mais, madame, il faut toujours que la science vienne de quelque part et je trouve fort sots les sceptiques qui s'en vont sans cesse répétant, avec dédain : « Oh ! vous avez pris cela dans Larousse. »

Franchement, quelle que soit mon initiative, puis-je imaginer que la bataille de Bouvines a été donnée en 1214, que Charles X n'était pas le fils de Charles IX et que Louis XIV fut opéré d'une fistule?

Ce sont là choses certaines qu'on n'invente pas.

Vous avez, en tout cas, la ressource de parler du conférencier plutôt que de la conférence tout en emmagasinant, pour plus tard, ce que vous y avez entendu.

La voix de l'orateur, ses gestes, ses yeux en amande, sa façon de lamper un grog, son teint, sa taille, la coupe de son habit, voilà des sujets bien dignes d'alimenter de longs colloques entre vos intimes et vous.

Et puis, on parle autour de vous ; on discute, on juge, on vaticine dans votre propre salon : calquez vos jugements sur ceux de vos conseillers les plus autorisés. Je vous l'ai dit déjà, écoutez, appropriez-vous et répétez en modifiant assez la forme. Mais soyez plus adroite que Mme la princesse de Lamballe qui feignait une distraction subite et redisait précisément ce qui venait d'être dit par d'autres, comme venant d'elle. On est aujourd'hui moins dupe ou moins galant et le public exige plus de ménagements.

S'il se rencontre, d'aventure, un mot

qui par son piquant mérite d'être réédité, ne le faites point à la légère.

Vous devez considérer si le mot vient d'un auteur obscur et sans conséquence, auquel cas vous le donnerez comme de vous ou bien si le spirituel causeur est au contraire une personnalité marquante, éventualité dans laquelle vous le nommerez en rapportant sa fine remarque, car le fait de connaître un tel homme et de tenir de lui un tel propos vous rapportera autant de considération que le fait d'émettre des traits d'esprit.

A vos soirées, des auditions de jeunes poètes, des présentations d'historiens ignorés, d'archéologues vagues auront un bon effet. Evitez seulement les lectures derrière une table, entre deux bougies, car la politesse n'est pas toujours la plus forte contre le fou rire et vous risqueriez un irréparable scandale.

De plus, l'ennui littéraire est plus pénible que l'ennui musical et tel qui supporte gaillardement trois heures de piano, succomberait avant le second chant de la plus inoffensive épopée. Il est donc prudent d'imposer aux auteurs trop prolixes, dans leur intérêt même, des limites convenables.

Souvenez-vous que, dans vos jugements, les traditions mondaines ne doivent point abdiquer leurs droits. Si favorable que soit votre opinion acquise sur un écrivain, son genre de vie, ses antécédents, ses fréquentations la modifieront dans un sens ou dans un autre.

Ainsi, le poète Verlaine manqua de génie : absinthe et malpropreté ! Victor Hugo ayant combattu l'Empire n'a droit qu'à une admiration relative ; Musset n'est pas assez soucieux des bienséances ; M. de Lamartine avait du talent avant 48...

Mais pourquoi citer des noms ? Je serais alors dans la nécessité d'entreprendre une interminable revue avec le désespoir de n'arriver point à la rendre complète. D'ailleurs de nouvelles renommées se lèvent chaque jour et, n'ayant point à mes côtés l'ange Gabriel, concierge de l'avenir, je crois préférable d'éviter, en matière littéraire, d'inutiles personnalités.

Je vous ai conseillé les conférences, mais il n'y a pas que ce moyen d'information.

Intéressez-vous aussi aux entreprises éphémères ou non qui se montent, de droite et de gauche, pour l'amélioration de la race littéraire en France : journaux « abscons », revues « intenses » ; théâtres aux noms hirsutes qui ont mis à la mode les productions du Nord, en même temps que les rêves biscornus de quelques jeunes gens indisposés.

Devancez le mouvement, abondez dans le sens des malins. Si l'on vous voit en avant, on croira que les autres vous suivent, alors que vous vous laisserez simplement pousser. Au besoin, inventez un dramaturge lapon.

Il ne vous sera pas moins profitable de connaître les ouvrages sérieux, les compilations des vieux messieurs décorés, les traités ardus des écrivains de tout repos, les pièces ou les fantaisies des académiciens.

Vous suivrez aussi quelques cours de Sorbonne. Vous n'êtes en rien tenue d'écouter, mais seulement d'y être, tout le bénéfice étant dans l'intention.

Vous ne manquerez pas une première; vous connaîtrez les actrices par leurs noms, sauf pourtant Mme Sarah Bernhardt qu'on appelle simplement Sarah, comme on dit le Jockey pour le Jockey-Club et le Bois pour le bois de Boulogne, quand on est un peu parisien.

Cette réunion de connaissances, grappillées de-ci de-là, favorisera singulièrement vos aptitudes à la causerie qui sera, d'ici peu, votre triomphe, à la condition que vous sachiez la conduire sur le terrain qui vous est le plus familier et que vous en bannissiez impitoyablement tout propos risqué, toute locution de mauvaise compagnie.

CHAPITRE III

LES BEAUX-ARTS

Il n'est pas une des observations que je viens de faire à propos de littérature qui ne puisse trouver son emploi, en ce qui concerne les beaux-arts.

Mêmes moyens d'information, même utilité de la conférence ou du traité de poche, même recherche du bizarre et de l'exotisme doublée d'une plate admiration pour le classique.

Courez les petites expositions, furetez chez les marchands dont le mécanisme intéressé tâche à découvrir de jeunes talents. Extasiez-vous sur certaines audaces de couleur : une femme nue dans les chairs de laquelle le mauve le dispute au vermillon ne peut être un morceau méprisable ; cela révèle tout au moins une ardente recherche du nouveau et un noble désir de ne pas suivre des sentiers déjà si battus par les pompiers de tous les âges.

Puis, comme noblesse, bandeaux obligent. Souvenez-vous que votre coiffure moyenageuse et virginale décèle en vous des aspirations étranges d'une insaisissable morbidesse.

Les visages blafards, les joues caves, les yeux mystiques, les poitrines où le couvert semble mis avec ses salières et ses œufs sur le plat, les bras grêles aux bouts desquels l'œil involontairement cherche l'incombustible phosphore de la Régie, les hanches abruptes aux arêtes vives comme le mont Cervin, les sexes vagues, fugitifs réduits à l'état d'illusoires espérances, voilà ce que vous aimez surtout, parce que rien n'est plus « troublant », plus capable de provoquer, en abondance, les sécrétions de la pensée.

A quoi penserez-vous? Ah! dame, vous penserez, voilà tout. Si l'on vous voit diriger vers des œuvres du goût de celles que je viens de vous esquisser une languissante attention; si vos regards savent se noyer d'une brume attendrie à l'aspect d'un de ces mystérieux Auvergnats qui ne sont ni jouvenceau ni damoiselle; si enfin au lieu de dire, en nommant le maître par excellence, Botticelli comme un bourgeois, vous articulez Bottitchelli ou mieux encore Filipepi, votre réputation de femme esthète (1) ne souffrira plus la moindre restriction.

Il va de soi que si, du préraphaélisme, la mode vient à tourner aux gros gaillards de Michel-Ange, vous relèverez vos cheveux et ne rêverez plus que de biceps énormes, de torses bien nourris où l'on voit du premier coup d'œil si l'on a affaire à une sainte ou à un gladiateur. Vous mettrez seulement à votre palinodie les formes voulues afin de lui donner l'apparence d'une conversion raisonnée.

1. Une femme peut fort bien considérer le mot comme un éloge.

Quoi qu'il en soit, je vous conseille d'avoir parmi les peintres contemporains, de préférence les moins connus, un favori auquel vous vous acharnerez, en dépit des rires et des contradictions. Il y aura dans les œuvres de votre homme, tout ce que le génie humain est capable d'imaginer. S'il ne sait pas dessiner, vous alléguerez qu'il met la pensée avant la ligne ; cela ne signifie rien mais cela se dit. Si sa couleur est d'une incohérence injustifiable, vous soutiendrez qu'il a trouvé des harmonies inconnues et peu accessibles au vulgaire : cela n'a pas plus de sens, mais ne se dit pas moins.

Pour peu que l'élu de votre goût porte un pantalon à la houzarde, un feutre mou à larges bords et un veston de velours noir, il se pourrait que, votre admiration aidant, il devînt célèbre. Vous l'abandonneriez alors pour en choisir un autre, moins défloré.

Du reste, cela ne vous dispensera nullement de visiter les Salons le jour du vernissage. Avec de bonnes jambes et une face-à-main, vous y ferez une promenade qui aura pour but de voir les bustes et les portraits de vos amis ainsi que les toiles ou les statues sensationnelles qu'il faut connaître.

Libre à vous de les vilipender et de ne rien trouver supportable, mais, je le répète, il faut les connaître. On n'est intelligent et parisien qu'à la condition d'en pouvoir dire au moins du mal.

Au cas où vous feriez un voyage à l'étranger, à Anvers, à Florence ou à Dresde, traversez les musées pour savoir *grosso modo*, comment sont faites les salles et n'être pas trop gauche là-dessus, au retour. Mais cela n'entraîne en rien l'obligation de vous fatiguer à regarder les tableaux ou les sculptures : les albums des grands photographes de Paris vous renseigneront très suffisamment à ce sujet. La couleur, il est vrai, vous restera étrangère. Qu'importe ? Avec les poses et les contours on peut déjà dire bien des jolies choses.

Enfin, si vous prenez la précaution de vous attacher par votre grâce et vos dîners, quelque influent critique d'art, vous connaîtrez les petits potins qui divisent les chevaliers de la glaise ou de l'huile de lin. Le bon apôtre vous apprendra les trucs de celui-ci, vous contera les intrigues de celui-là, vous tiendra au courant des dessous et des scandales, ce qui vous permettra d'être sous peu aussi « calée » en art que feu Paul de Saint-Victor lui-même.

CHAPITRE IV

LA MUSIQUE

Voilà pour vous, madame, le prince des arts, celui qui cadre le mieux avec votre céleste nervosisme ou, si vous préférez, le plus à même de traduire les élans vers l'idéal de votre cœur ici-bas emprisonné par le prosaïque terre à terre.

Avec le secours de la musique, parfois dangereuse conseillère, parfois aussi bienfaisant dérivatif, vous verrez les pires excitations se calmer, se fondre et se transmuer en extases délicieuses qui vous constitueront une solide réputation artistique et poseront comme axiomes, le raffinement de votre goût, la sensibilité de votre cœur.

Car vous en faites de la musique. A l'exemple d'un photographe devenu légendaire, vous opérez vous-même : vous déchiffrez passablement, vous exécutez avec décence et, surtout, vous comprenez.

Ah ! madame, comprendre, tout est là. Démêler, à la première audition, ce qu'il y a de science, de tendresse ou de grandeur dans une page musicale, en paraître vivement émue, voilà le secret d'une compétence indéniable autant que développée.

Aussi n'écoutez jamais une mesure sans vous être au préalable enquise du nom de l'auteur. On peut se tromper, en somme, et vous risquez de vous pâmer à de l'Auber ou de rester froide à du Grieg, ce qui vous perdrait sans retour. Et cette distinction me fait entrer d'emblée dans le vif du sujet.

Là, comme en littérature, comme en peinture et en tout ce qui touche à l'art, il vous faut garder d'admirer ce qui commence à passer. C'est le seul ordre d'idées où n'existe pas ce qu'on est convenu d'appeler la tradition, le seul aussi, par conséquent où vous en devez user à votre aise avec les vieilles gloires et marcher avec le siècle vers de nouveaux sommets.

Je ne puis, cette fois, me dispenser de préciser quelques points, m'en remettant à votre imagination de compléter la revue forcément imparfaite que je vais passer en votre honneur.

Les Italiens sont usés jusqu'à la corde; leurs ritournelles d'orchestre à cadences de balançoire, leurs ariettes, leurs points d'orgue bouffons, nous comblent d'étonnement, si nous pensons qu'on eût du goût pour eux. Ah! les philistins! les vandales! Ce Rossini!... ah! ah! ah!... Occasion unique, madame, pour le sourire de grande ironie.

Et Donizetti? Et Bellini? Et Mascagni qui est d'hier pourtant?

Ne leur faites jamais grâce d'un lardon. Proclamez-les vulgaires, rabâcheurs et ridicules.

Il n'est pas jusqu'à Gounod, élevé à leur école, qui ne soit, à l'heure actuelle, difficile à défendre.

En tout cas, si, incapable de maîtriser un premier mouvement vous profériez un éloge en sa faveur, reprenez-vous bien vite et vous écriez : « Ah! Dieu! pas *Faust*... pas l'*Ave Maria!* » Il vous restera *Polyeucte* et ses œuvres ignorées comme planche de salut.

Les noms d'Ambroise Thomas, d'Halévy, de Meyerbeer lui-même feraient mourir de rire les importants connaisseurs de votre entourage. Autant vaudrait célébrer Clapisson!

Je ne vous autorise pas davantage à parler favorablement de *Carmen*. Cet ouvrage put, il est vrai, paraître en son temps remarquable, mais depuis que la canaille s'est avisée d'y prendre du plaisir, il vaut mieux le lui laisser. L'*Arlésienne* à son tour se met à déroger et si le pauvre Bizet, malgré tout, vous tient au cœur, il faudra vous contenter des *Pêcheurs de Perles*, tandis qu'il en est temps encore.

Quant à Berlioz et à sa *Damnation*, soyez convaincue qu'ils filent un mauvais coton. On les entend trop. Aussi vous voyez les gens de sens exalter les *Troyens* pour se dédommager.

Que diable, vous avez bien d'autres maîtres, sans vous astreindre à ceux que l'enthousiasme grossier du public a portés au pinacle! A qui donc alors serviraient tous ces génies contemporains, bourreaux des cœurs et des cymbales?

Et puis, c'est le privilège des femmes supérieures d' « inventer » de nouvelles renommées. Arrière les étoiles qui charbonnent!

Je souhaite vivement, autour de vous, une cour de jeunes musiciens, pas très nombreux afin d'éviter les plaintes des voisins, mais très chevelus. Ce dernier détail est d'autant plus considérable qu'un musicien tondu, c'est comme un poète rubicond, un peintre modeste ou un savant sans taches de graisse, ça n'a jamais de talent. Vous dire pourquoi serait fort au-dessus de mon entendement, mais c'est un fait si patent, si universellement reconnu qu'on en est à regretter que le piano n'ait pas été en usage du temps d'Absalon ou de Mérovée! Il est par contre, d'un génie musical excessif d'aller jusqu'aux pellicules. Des cheveux longs, mais propres, voilà le vrai.

Veillez aussi à ce que vos invités mélomanes aient chacun une chemise et des habits hermétiquement clos : l'exubérance de ces diables d'hommes pousse tout à venir au jour et si cette tendance doit être encouragée pour les idées, il est prudent de la réfréner pour le reste.

Vous aurez soin d'entourer « vos » musiciens des égards les plus affectueux, Vous présenterez, en personne, la coupe de champagne rafraîchissante après chaque course au clavier.

Que rien cependant, parmi vos prévenances, ne dépasse en public les bornes de l'amitié permise. Du reste un musicien débutant qui se tient à sa place est couvert de fleurs; en sort-il, qu'il se tourne aussitôt en bohème.

En général, les femmes peuvent accorder au musicien ce sentiment vague, moins complet que l'amour, plus tendre que l'amitié, sans nom, je crois, dans notre langue, qui leur ouvre une fenêtre sur le bleu et les éloigne des monotonies du pot-au-feu quotidien.

Ne perdez aucune occasion de manifester votre vénération pour les élus de votre oreille.

Une femme à qui l'on annonça devant moi la mort de Rubinstein dit : « Ah! quel malheur pour nous! De tels hommes ne devraient point mourir! » Cela fut soupiré avec une telle conviction, souligné d'un regard si navré, que j'y fus pris et n'ai cessé, depuis cet instant, de la considérer comme une femme très supérieure.

Mais un musicien ne saurait, à lui seul, alimenter votre appétit artistique.

Vos capacités personnelles vous ordonnent d'intervenir vous-même activement. Avec quelques morceaux brillants et bien sus, grâce à une longue étude, du Chopin, je suppose, vous obtiendrez de merveilleux effets, surtout si vous vous préoccupez non seulement du jeu lui-même et de son expression, mais encore de votre façon de vous tenir. L'oreille en effet ne saurait prendre du plaisir où les regards se trouvent choqués.

Ne vous penchez donc pas sur les notes avec cet air haletant et pressé qui entraîne tant de ridicule. Demeurez droite, un peu rejetée même en arrière, si possible, la tête inclinée doucement, les regards dans les corniches. Vos bras étendus, pour atteindre les touches d'ivoire, sans effort, sans raideur, se relèveront, à chaque pose, dans un mouvement onctueux et suave. Il y a tout un programme et toute une révélation dans cette manœuvre du bras.

Certaines femmes trop vives le dressent au niveau de leur tête, au moindre seizième de soupir, d'où il résulte un geste aussi prétentieux que saccadé. D'autres semblent avoir des mains de plomb, trop lourdes pour quitter jamais le clavier. Ce sont des femmes sans élévation, incapables d'interpréter autre chose que du Fahrbach.

Il en est enfin, dont vous serez, habiles à l'enlever avec la grâce d'une aile qui s'étire, prête à l'essor, ni trop ni trop peu; ce sont les femmes qui sentent ce qu'elles jouent et comprennent l'usage que l'on peut faire d'un bras, surtout lorsqu'il est nu et joli. La façon de tirer ses gants, de les pelotonner et de les placer au bout du piano a aussi son importance : veillez-y.

Cela pourtant ne suffit point encore : la musique d'ensemble s'impose. Mais le monde, dites-vous, est plein de gens qui ne goûtent point ce passe-temps, et les exécutants sont, en général, les seuls qui s'y puissent divertir.

Ah ! madame, que voilà superficiellement raisonner ! Oui, certes, l'on s'ennuiera, mais s'ennuyer au nom de l'art est un fait que nul n'avouera de sa vie, et lorsqu'on s'est ennuyé de la sorte, dans le salon d'une femme, celle-ci acquiert un prestige qu'elle chercherait vainement d'une autre manière.

Donc, faites de la musique d'ensemble. Choisissez, pour cela, des ouvrages extraordinaires. Après l'harmonie, organisez la chorale; reconstituez des opéras entiers avec chœurs et orchestre. Les choses inédites sont fort appréciées, mais la vieille musique ne l'est pas moins, à la condition toutefois que l'excès même de son antiquité en fasse de la musique ignorée, c'est-à-dire nouvelle. On vous saura gré d'exhumer une messe de Palestrina ou un ballet de Lulli.

L'*Alceste* de Glück fera fureur, surtout si pour montrer vos connaissancee en histoire et votre largeur d'idées, vous comblez les entr'actes avec un peu de Piccinni.

Je puis vous résumer mon opinion en quelques mots, opinion qui ne s'applique point qu'à la musique : tout ce qui est inconnu, même mauvais, sera toujours bon; tout ce qui est connu, même bon, sera toujours mauvais.

Ce principe, d'allure saugrenue, également profitable à l'artiste et à l'amateur, s'explique par les exigences de la petite vanité individuelle, toujours soucieuse d'en savoir plus que le voisin et de découvrir des trésors que personne n'a soupçonnés.

Mais je vous vois, madame, inquiète, presque impatientée. Vous m'écoutez avec distraction et votre curiosité court en avant de mes paroles.

Rassurez-vous, j'ai deviné : c'est Wagner qui vous préoccupe. Sans hésitation, soyez-en fanatique. Défendez-le du bec et des ongles. Stigmatisez ses détracteurs ou plutôt, puisqu'il ne faut désobliger personne, rompez brusquement les chiens, avec pointe de dédain dans le sourire, si quelque mécréant d'art ose l'attaquer en votre présence.

Wagner est trop jeune pour que vous puissiez ne pas lui rendre hommage. Seulement, afin de ne pas paraître idolâtrer de confiance, discutez quelques points. Ainsi l'orchestration, si puissante d'ailleurs du maître est souvent touffue. La cause en est à la profusion des beautés qui se superposent et qu'un examen consciencieux permet de savourer à loisir. Encore faut-il avoir l'oreille exercée. *Lohengrin*, direz-vous, appartient à la première manière de Wagner, alors qu'il n'était pas encore complètement affranchi de la délétère influence des Italiens. La *Walkyrie* donne une impression plus juste, etc. Pour le reste, écoutez, recueillez des jugements et sachez en extraire l'essence.

En ce qui concerne Beethoven, Bach, Mozart, Schumann, gardez-les pour les jours de pénurie. On en peut toujours servir, tant leur supériorité est établie, mais les drôles sont aujourd'hui si répandus qu'il faut mettre dans leur usage beaucoup de discernement et de modération.

A dessein, je n'ai pas parlé de la musiquette dérivée d'Offenbach : ne vous abaissez jamais jusqu'à y faire même allusion. Votre mari seul peut l'aimer sans inconvénient.

Enfin, recommandation dernière au sujet de la musique, laissez croire que vous composez, que vous charmez parfois vos heures de solitude en jetant au hasard quelque phrase attendrie.

Une symphonie à votre actif serait d'un bon effet; mais qu'à aucun prix, le public ne soit admis à juger vos œuvres, même si elles existent en réalité. L'inconnu, madame! N'oubliez pas le mystérieux pouvoir de l'inconnu!...

CHAPITRE V

LA POLITIQUE. — LA RELIGION

Je passerai vite sur la politique dont les changements continuels, les trahisons et les grossièretés ne font pas un sujet digne de la sollicitude d'une femme supérieure.

Au surplus, comme cet art — la politique, un art ! — s'accommode volontiers des intelligences moyennes, nous la placerons dans la compétence de votre mari.

Encore, si discrète qu'elle soit, devez-vous avoir une attitude. Or, je dirai d'une femme supérieure ce que M. Thiers a dit de la République : elle sera conservatrice ou ne sera pas.

En effet, votre société, se composant de gentilshommes, de capitalistes et de gens en place, est naturellement conservatrice.

Et puis, les républicains, généreux parce qu'ils ont le pouvoir, vont bien chez les conservateurs, tandis que ceux-ci, aigres et boudeurs comme des vaincus, s'abstiennent, le plus souvent, de la réciproque, sans compter que les conservateurs disposent de cet émail indéfinissable et discret des vieilles faïences, dont les porcelaines républicaines trop neuves et trop luisantes ne sont pas fâchées d'escamoter quelques reflets, pour, au besoin, donner le change. Reportez-vous, à ce sujet, à mes considérations sur l'aristocratie.

Vous percevez donc tout de suite la nécessité d'une opinion qui permette à tout le monde de fréquenter votre salon, à tous ceux au moins qui, ainsi que je vous l'ai expliqué, ont quelque titre à cet honneur, les hauts fonctionnaires par exemple.

D'ailleurs, le parti républicain a ses gentlemen, comme le parti conservateur a ses palefreniers et nous ne sommes plus au temps où la chanson, âlors royaliste, pouvait insinuer :

> On dit que vous fait' vot' toilette
> Et que vous vous lavez les mains :
> Vous n'êtes pas républicain !

J'aimerais à vous entendre parler de « vos princes ». Cela donne un petit air « Faubourg » et vieillot, le plus avenant du monde, et, par surcroît, que vous passeriez pour immuablement fidèle à vos principes, pour amoureuse des belles traditions, ce qui n'est pas mince.

Le prince — Orléans, Napoléon, Anjou, don Carlos ou Naundorff — m'est indifférent, pourvu qu'il y ait un prince.

Naundorff — ne riez pas — aurait cet avantage que vous pourriez conter comment Mme la duchesse de Tourzel révéla devant votre grand'mère des détails stupéfiants, que vous inventeriez puisque l'une et l'autre sont mortes. Et puis, soutenir un prétendant qui ne prétend à rien et que tout le monde dédaigne, n'est pas d'une âme banale.

Mais je m'oppose à ce que votre loyalisme vous conduise aux excès de langage courants chez les politiciens. L'invective ne prouve rien et la calomnie, dénuée de formes, déconsidère.

Occupez-vous des affaires de l'Etat si la conversation n'a pas d'autre aliment; blâmez le ministère avec une perfide modération; ridiculisez les gros bonnets qui ne fréquentent pas chez vous. Ceux qui sont vos familiers seront ravis de faire chorus, sous le manteau.

Avec les années, si votre salon prend de la consistance, l'autorité s'inquiétera; un émissaire viendra proposer à votre mari la croix attendue, pour le gagner; vous aurez de la police secrète à vos bals et le triomphe sera complet.

En religion même tactique, mais un peu plus agressive. Vous êtes partisan du Syllabus; vous condamnez les tendances démocratiques qu'affecte le Saint-Siège;

vous dites son fait à Léon XIII et vous vous déclarez prête à confesser votre foi dans le martyre.

Cela ne vous empêche pas d'accueillir les huguenots et les mahométans, pour peu qu'ils aient d'esprit et de millions.

Allez à la messe d'une heure; fréquentez les quelques saluts haut cotés où l'on fait de bonne musique et où de gros prédicateurs réjouis et lustrés, démontrent, de cinq à six, les grandes vérités de la religion à un parterre de belles dames qui n'en ont jamais douté.

La présidence d'une œuvre cossue vous ferait grand honneur. Une telle dignité place malheureusement celle qui en est revêtue dans une pénible alternative : ou bien solder de sa poche les billets de loterie et les bibelots des ventes de charité, ou bien paraître se rembourser de ses dîners et de ses bals en accablant jusqu'à l'arrière-ban de ses amis, de perfides invitations à verser la forte somme. A vous de juger.

Vous n'autoriserez, sous aucun prétexte, en votre présence, une discussion religieuse. Si quelque imprudent s'y aventure, arrêtez-le en disant : « Voulez-vous bien m'accorder le droit de croire ce que Pascal et Bossuet ont cru avant vous et moi? » Le sourire de commisération fera le reste et le parpaillot sera confondu.

Quant au maigre du vendredi, aux jeûnes, aux abstinences, vous avez bien eu, dans la nuit des temps, quelque petite dyspepsie qui vous en affranchisse.

Cela s'appelle observer l'esprit, sans s'astreindre aux prescriptions tatillonnes de la lettre.

Choisissez un directeur parmi les révérends pères dont l'éloquence est appréciée dans le monde. Vous vous plaindrez, avec mystère, de sa sévérité; vous feindrez d'être l'esclave de ses moindres défenses, mais comme il aura l'adresse de ne vous interdire que ce que vous n'avez pas à cœur, sa morale ne vous fera pas démesurément souffrir.

Enfin, soyez en bons termes avec votre curé, donnez aux sœurs quêteuses qui passent, dites ostensiblement le *Benedicite*, puis les *Grâces* et votre salut se fera tout doucement, mais à coup sûr...

LES CHOSES DU CŒUR

CHAPITRE UNIQUE

L'AMOUR

Cette idée de salut sur laquelle je viens de vous laisser et que vous considérez sans doute comme la fin logique de mes enseignements, fait naître en vous, je le vois, une insurmontable mélancolie.

Quoi ! C'est tout ? gémit une voix intérieure qui malgré la solidité de vos croyances en un monde à venir, rempli d'infinies voluptés, traduit la pensée d'Horace : *serus in cælo*, aller au ciel le plus tard possible.

Non, madame, ce n'est pas tout et j'ai gardé pour la bonne bouche, pour le dessert, si vous préférez, les quelques avis qu'il me semble opportun de vous donner en ce qui concerne l'amour.

Vous souhaitez d'abord une définition, dans l'espoir, sans doute, que je vais tenailler ma cervelle afin d'émettre, en trois mots, un paradoxe intéressant, un trait piquant et spirituel. Quelle que soit, en une telle matière, l'opportunité de la saillie, je ne m'y risquerai pas, me bornant à vous citer trois opinions pour vous satisfaire.

1° L'amour est l'échange de deux fantaisies, le contact de deux épidermes.

2° L'amour, c'est l'égoïsme à deux.

3° L'amour est enfant de Bohême.

Vous voilà fixée, n'est-il pas vrai ? Pourtant, je crains bien que vos tendances utilitaires, votre tempérament indifférent, votre orgueil et vos prétentions ne fassent d'un tel sentiment, non pas un plaisir, non pas même une distraction, mais ce qu'il est le plus souvent aujourd'hui, à la fin du siècle de la vapeur, tout simplement l'art de faire des affaires avec votre épiderme pour fonds de roulement.

D'ailleurs, vous êtes un peu dans la situation du savetier à qui le financier vient de donner cent écus. Ce n'est pas, à coup sûr, que la garde de votre argent vous préoccupe et vous n'en êtes point directement l'esclave, mais ne supportez-vous pas la servitude des traditions qu'il impose et du prestige qu'il confère? N'y a-t-il pas, surtout en amour, une foule de manifestations auxquelles s'oppose le terrible : « *cela ne se fait pas!* » La tyrannie mondaine ne sévit-elle pas précisément contre les aspects les plus engageants du péché mignon? Est-il enfin possible, dans votre situation et avec vos idées, de faire l'amour franchement, vivement, passionément?

Vous savez bien que non.

Et c'est en cela que la nature plus chrétienne que les chrétiens rétablit l'égalité parmi les êtres en vous refusant quelques-unes des jouissances qui sont parmi les plus douces de ce monde.

De l'amour, vous connaîtrez peut-être certains troubles, certains spasmes, certaines inquiétudes qui ne sont pas sans charme; peut-être aussi votre vanité s'en pourra faire un piédestal, mais ce que votre état de femme du monde et de femme supérieure vous obligera d'ignorer toujours, le sentiment que vous devrez mépriser, faute d'avoir le droit de l'éprouver, c'est la joie.

La joie, madame, entendez-vous, c'est-à-dire l'élan qui porte au cœur tout le sang d'un seul coup, qui fait que l'on se trouve plus léger, que l'on respire plus au large, que l'on adore vivre, que l'on voudrait obliger le premier venu, rendre service à tous les passants, voir l'univers heureux.

Il ne vous sera jamais donné de concevoir la joie débordante de la petite ouvrière, de la blondinette qui, le dimanche matin, fait la queue derrière le tramway ou le bateau de Saint-Cloud, tenant d'une main son numéro d'ordre, de l'autre un petit sac où s'entre-choquent une boite de sardines, des œufs durs et des cerises.

Elle va dîner sur l'herbe avec son bon ami qui escalade, derrière elle, les plus abruptes impériales. Et quelle ivresse de se serrer l'un à l'autre, de se prendre la main, en plein air, au nez des voisins! Quels bonds du cœur, l'instant d'avant, lorsque, dans le bureau d'omnibus, le premier venu attendait l'autre! Quels regards à en avoir les yeux malades, vers le coin par où doit déboucher le retardataire! Quelle frénésie dans ces vingt pas faits au-devant de lui lorsqu'il paraît! Ah! madame, il n'y a peut-être pas au monde, un lieu qui puisse se vanter, comme le quai du Louvre, d'avoir été le théâtre de tant de bonheurs!

Vous souriez. Vous êtes surprise que j'évoque, à votre pensée, d'aussi maigres objets, que je mette quelque complaisance à vous parler du plaisir des petites gens.

Eh bien! au risque de vous importuner tout à fait, je serai vulgaire jusqu'au bout.

Le mot « bon ami » s'est échappé tout à l'heure de ma plume et sa naïve poésie fait que j'y reviens malgré moi.

Vous aurez des amants, madame, des amants riches et prévenants qui vous combleront de cadeaux et paieront au besoin les notes de votre couturière; vous n'aurez pas de bon ami. On vous donnera des fleurs superbes, payées fort cher, mais au même instant peut-être une danseuse recevra les pareilles. Quelle distance de ces corbeilles magnifiquement enrubannées à la rose de deux sous donnée par le bon ami, au cœur de laquelle un peu de son âme reste blotti, dont chaque pétale porte le parfum d'un baiser.

C'est qu'un bon ami n'est pas taxé: on ne lui réclame ni forte somme, ni trafic d'influence, ni satisfaction d'amour-propre. On ne lui demande que d'aimer : ce n'est rien et c'est tout, à la fois beaucoup plus et beaucoup moins que ce que vous exigez vous-même, mais en tous cas, c'est autre chose.

Le marquis de Carraccioli, ambassadeur de Naples, répondit un jour à Louis XVI qui le complimentait sur ce que son âge ne l'empêchait pas de faire l'amour : « Oh ! Sire, je ne le fais plus, je l'achète tout fait ! »

Vous, vous le vendez, ce qui revient au même au point de vue de la moralité qui préside à la transaction.

Oh ! je sais bien, vous ne pouvez vous serrer sur une impériale contre un membre de l'Académie des Sciences morales et politiques ; il serait bouffon à vous d'aller vider une boîte de conserves, à la *Lanterne de Démosthène*, en compagnie d'un général et très déplacé de proposer une régalade d'œufs rouges à un ministre plénipotentiaire. Mais c'est précisément parce que l'impraticabilité de ces démarches éclate aux yeux, que je me hâte de vous faire remarquer que l'amour sincère et bon enfant n'est point votre fait.

A la rigueur, au temps jadis, l illusion était possible. Si l'on ne possédait point en toute occurrence cette conviction sans détour qui est la pierre angulaire d'un sentiment non calculé, l'on avait du moins, pour y suppléer, la galanterie, qui était l'image gracieusement imitée, embellie même parfois, de la tendre réalité. Par un penchant naturel, par une longue pratique des égards dus aux femmes, par un précieux atavisme aussi, les hommes savaient imprimer un tour charmant à leurs entreprises. Le triomphe n'était jamais grossier, l'échec était rarement humiliant et, grâce à ce que les hommes étaient également empressés auprès de toutes les femmes et les traitaient avec une semblable déférence, on ne démêlait point — ou plus malaisément — vers quelle allait leur goût secret.

Il y avait, vous le pensez bien, d'éclatantes exceptions mais la très grande majorité ne dédaignait pas le bénéfice d'un aimable mystère. Si d'autre part, le raffinement était une barrière aux passions furieuses, il rendrait singulièrement inoffensive et attrayante la satisfaction des menus caprices. Une rencontre, un regard, une caresse, un adieu et c'était du bonheur pour deux êtres, avec tout juste le nuage de mélancolie finale qui le faisait valoir. Les amoureux alors ne clabaudaient point aux échos leurs bonnes fortunes et le souci qu'ils avaient de les mériter par l'exquise politesse de leurs manœuvres, bien loin d'en vouloir abuser, plaçait l'amour sous l'empire de cette loi délicate qui déclare que la façon de donner vaut mieux que ce qu'on donne...

Nous avons, ou plutôt vous avez changé tout cela. La galanterie apparaît comme l'ancien régime de la bonne compagnie et la révolution, là-dessus, a été si complète que l'homme assez audacieux, aujourd'hui, pour baiser la main d'une femme dans le salon de laquelle il pénètre, s'expose le plus souvent à passer pour un compromettant goujat et à recevoir une correction du mari le moins susceptible.

On n'est plus galant de nos jours, on est correct.

Ah! quelle élasticité! quelle vague dans ce stupide adjectif!

Un homme reste insolemment couvert devant une femme, mais le chapeau est luisant et de bonne forme : cet homme est correct.

Un homme a volé votre montre dans votre poche, a pris votre place, a enlevé votre fille puis l'a abandonnée, mais il fréquente une salle d'armes, connaît par cœur les prescriptions de M. de Chateauvillard et tire décemment à l'épée : cet homme est correct.

Un homme vous menace, si vous ne lui donnez mille louis, de publier que votre femme a pour amant votre cocher, mais il monte, au Bois, le matin et a son service à toutes les premières : cet homme est correct.

Un homme proclame qu'il est l'amant d'une vieille déséquilibrée qui l'entretient publiquement, mais sa jaquette a de la coupe et ses gants sont immaculés : cet homme est correct...

Vous voyez, madame, qu'il n'en coûte pas beaucoup à l'initiative personnelle pour être correct et une telle qualité a cela de précieux, à notre époque tourmentée, que rien ne la peut faire perdre si le tailleur et le banquier consentent à prolonger le crédit. Correct on entre à Mazas, correct on en sort; les drôles qui piétinèrent les femmes au Bazar de la Charité, lors de l'affreuse catastrophe, étaient, vous n'en doutez pas, le superlatif du correct et, une fois le premier élan de bourgeoise indignation passé, ils se sont retrouvés corrects comme devant.

Attendez-vous donc à rencontrer des soupirants brutaux, prétentieux, faux, avides et bavards, mais, au demeurant, impeccablement corrects.

Si je me suis étendu sur ce sujet, un peu longuement peut-être, c'est afin de vous éviter des entraînements préjudiciables et de vous maintenir dans la seule voie qui puisse vous mener au but désiré : celle de l'amour pratique et méthodiquement intéressé.

Comment donc faudra-t-il faire pour en tirer tout le parti possible?

Le plus important, à coup sûr, c'est la discrétion. Ecoutez plutôt les excellentes choses que dit, là-dessus, Mme de Genlis :

« Une femme, pour une seule aventure « éclatante, peut être perdue, si on ne la « peut nier; une femme après mille dé- « règlements peut ne pas l'être et peut « se relever, s'il n'y a sur elle que des « ouï-dire et que l'opinion. »

Pour étayer cette théorie, permettez-moi de vous citer encore l'extrait suivant d'une conversation que M. le duc de Choiseul eut avec Mme la princesse de Guéménée :

« Une femme est déshonorée, dit le « duc, non parce qu'elle a un amant, « mais bien si elle en a plusieurs à la « fois ou s'ils se succèdent avec une telle « rapidité qu'on ne peut en compter le

« nombre; si elle les prend au hasard, « selon la taille, l'encolure, dans les an « tichambres comme dans les salons et « que ces derniers, un peu plus de mise « que les autres, la méprisent assez pour « ne pas même rester ses amis. Voilà, « selon moi et selon vous, madame, n'est- « il pas vrai? ce qui doit déshonorer une « femme... »

Est-il besoin d'admirer combien la concordance de ces deux opinions leur donne de force?

Il n'y est rien affirmé que de sage et de judicieux et Mme de Genlis, en dépit de quelques mésaventures oubliées, étant demeurée comme le type classique de la femme supérieure, son enseignement n'en est pas diminué, bien au contraire.

Donc, vos précautions en vue d'un secret relatif (1) étant prises en con-

1. Je dis « relatif » car enfin le secret absolu supposant l'absence de toute intrigue, aurait pour effet de laisser croire que vous n'avez pas les moyens d'acquérir un amant.

science, il vous sera loisible de dresser vos batteries et même de risquer quelques décharges, en respectant toutefois les préceptes de M. de Choiseul : pas plus d'un à la fois et un temps assez long à chacun pour donner l'illusion de la stabilité.

Vous aurez pour vous guider dans le choix de vos élus, dans la nature des faveurs qu'il convient de leur octroyer et surtout dans la manière de les rendre heureux, ce sentiment de l'opinion publique qui est un infaillible et précieux baromètre.

Votre amant est-il félicité, tout bas, dans les coins, sur une victoire que l'on suppose, c'est le beau fixe.

Si l'on se retourne ensuite vers vous, avec des sourires et des airs entendus, nous descendons au variable, parce que l'aventure est en train de devenir notoire.

Mais le jour où votre mari sera, de ce fait, ridicule c'est que la chronique tourne au scandale et nous tombons à pluie ou vent.

Gardez-vous de dépasser le variable qui est le niveau minimum admis du mercure galant.

Qui vous pouvez choisir ? Voilà qui est bien délicat et le conseiller le plus autorisé là-dessus est votre tempérament. Si vous avez, matériellement parlant, un gros appétit amoureux, les repas devront se trouver plus forts, plus fréquents aussi. Or les membres de l'Institut, les dignitaires de l'Etat et, en général, tous ceux à qui l'âge est venu avec les honneurs, n'ont plus guère à offrir qu' une table à demi desservie, car ils en sont aux petits fours et aux babioles que l'on grignote au dessert. Ce n'est pas à dire qu'un tel menu soit à mépriser, mais on y fait surtout honneur, dans votre cas, lorsque les premiers tiraillements de la faim, les plus violents, ont eu, pour s'apaiser, quelque forte pièce de viande saignante largement arrosée. Prenez donc un jeune homme dont la taille et l'encolure, comme dirait M. de Choiseul, représentent assez exactement le rosbif qui vous est nécessaire.

Mais que ce mot « prendre » ne vous induise pas à courir le galant avec une trop visible et trop compromettante ardeur. Exigez des préliminaires, des soupirs, un siège en règle, marquez votre répugnance à faillir, puis votre hésitation ; tombez enfin dans les bras de l'heureux assaillant exaspéré par les bagatelles d'une porte qui est chez vous, pour le moins, à deux battants.

Avec un jeune amant, vous n'avez nul besoin de vous contraindre. Accordez-lui tout ce qu'il désire, ajoutez-y même à l'occasion, de façon à le rendre fou de vous, car un amant pas amoureux c'est comme une horloge sans balancier, à peine bon à meubler un coin de salon.

Rencontrez-le toujours – pour le bon motif — dans des locaux différents. Si grande que soit la répugnance inspirée par la banale maison meublée à une femme un peu élégante, il est incontestable qu'elle peut nier une apparition non renouvelée dans un lieu quelconque, alors qu'elle n'aurait pas la même ressource si un concierge, c'est-à-dire l'équivalent de vingt-cinq bavards, la voit entrer à tout instant, dans un même rez-de-chaussée.

La théorie du « nid » est absurde, fausse et prudhommesque. On pond dans un nid, on y couve, mais quand on n'éprouve que le besoin d'aimer, si fréquent qu'il soit, on fait comme les moineaux, on saute de branche en branche.

Si, contrairement au cas que nous venons d'envisager ensemble, votre appétit n'est point une fringale et peut être rassasié par de menues friandises, macarons, petits beurres, suprêmes ou langues de chat, vous agirez sagement en jetant le mouchoir à quelque personnage considérable, diplomate ou général qui vous fera honneur et avec lequel vous ne risquerez pas d'indigestion. Pourtant qu'il ne soit pas trop vieux, ni trop notoirement incapable de tenir l'emploi dont vous l'honorez. Il est une limite, dans toutes les fonctions, où l'oreille au moins doit être fendue.

Je n'ose vous défen dre d'écrire. Tout le monde est convaincu des dangers d'une telle imprudence et tout le monde s'y risque cependant. Ecrivez le moins possible, dans les termes les plus vagues que vous imaginerez

Quand vous aurez à recevoir de l'argent, soit que vous l'ayez demandé à l'aide de savantes circonlocutions, soit qu'on vous l'ait offert à propos, que ce ne soit jamais en espèces ni de la main à la main. Un chèque dissimulé dans un bouquet ou dans un livre, une note rendue acquittée de la même manière, voilà commme on procède chez les honnêtes gens.

Le secret par exemple doit être absolu en matière financière, non pas que de tels marchandages soient plus dégradants qu'autre chose, mais parce que tout le monde craindrait d'être « tapé » et personne ne se ferait faute de le dire.

Observez quelle discrétion je mets à ne

pas vous imposer personnellement celui-ci ou celui-là. Une femme a de si merveilleuses intuitions pour démêler, à première vue, les agréments et les services de toute nature qu'elle peut retirer d'un homme, qu'à vouloir vous régenter, là-dessus, j'aurais l'air de Gros-Jean qui en remontre à son curé. Aussi je suis tranquille : vous ne vous déciderez point à la légère et vous n'aurez pas besoin, comme Catherine de Russie, d'avoir une baronne Bruce, chargée d'essayer les soupirants de l'impératrice et de faire un rapport, en connaissance de cause, sur leurs aptitudes.

Mais l'âge viendra, madame, les années passeront sur vous, laissant tomber, chacune, un peu de leur poudre blanche dans vos cheveux. Votre visage perdra de son rose et de sa fraîcheur comme une pêche qu'on laisse trop mûrir ; le satin de votre peau prendra des mollesses de foulard et vos paupières abaisseront davantage sur vos yeux moins brillants, leurs stores festonnée de rides.

Sachez vieillir, madame, et vieillir vite. Une jeune vieille est souvent désirable et presque toujours charmante ; une vieille belle est un objet navrant qui ne donne guère une illusion de grandeur qu'au clair de lune, comme les ruines. Encore a-t-elle, comme ces dernières aussi, le triste privilège d'épouvanter le passant qui jamais ne s'en approche la nuit...

En vérité, je termine ce *Petit manuel* sur le ton le plus triste et le plus désobligeant. Ne m'en veuillez pas, madame, si d'un présent enchanteur, j'ai poussé quelques ruades vers un avenir que j'espère lointain.

Oubliez l'hypothétique portrait futur que j'ai eu l'impertinence de tracer de vous et soyez de l'avis de la comtesse de Grignan à qui, alors qu'elle n'était que Mlle de Sévigné, l'abbé de la Mousse demandait : « Comment pouvez-vous tirer tant de vanité de ces appas qui doivent pourrir un jour ? — Pardon, l'abbé, répondit-elle, vous oubliez qu'ils ne sont pas encore pourris ! »

CONCLUSION

Bien des pages viennent d'être employées à vous faire savoir de quelle manière une femme s'y prendra pour conquérir le renom de femme supérieure.

Il est un autre programme, soutenu par les gens à courte vue, que je me ferais cependant un crime de ne point signaler, ne fût-ce que pour en mieux montrer le vide.

Ils prétendent qu'une femme supérieure doit être bonne aux siens, indulgente et remplie de compassion pour tous, qu'elle doit s'efforcer de plaire à son entourage et de rendre son abord affable, qu'elle gagne à n'être pas coquette, à pleurer quand elle est triste, à rire lorsqu'elle est joyeuse, à ne jamais faire étalage d'un sentiment qu'elle n'éprouve point en réalité.

Ne veulent-ils point aussi qu'elle s'accommode des ennuis aussi bien que des plaisirs de sa condition, qu'elle évite de blesser la délicatesse de ceux qui l'approchent, qu'elle demeure vertueuse... Enfin, il leur faut la lune et ils concluent avec emphase : une femme doit préférer le bonheur durable de celle qu'on adore à la passagère gloriole de celle qu'on admire !

Pffff!!!

FIN

TABLE DES MATIÈRES

LES CHOSES DE L'ESPRIT

LES CHOSES DU CŒUR

PARIS
IMPRIMERIE NOIZETTE ET Cie
8, RUE CAMPAGNE-PREMIÈRE, 8

www.ingramcontent.com/pod-product-compliance
Ingram Content Group UK Ltd.
Pitfield, Milton Keynes, MK11 3LW, UK
UKHW020132220726
13923UKWH00001B/127